数学文化彩虹桥 ⑤

扫码听课
轻松学练

- 陈加仓　包含丽 / 主编
- 谷尚品　符玲利 / 副主编
- 符玲利　唐慧荣　李盛冰 / 编著

GUANGXI NORMAL UNIVERSITY PRESS
广西师范大学出版社
·桂林·

数学文化彩虹桥 5
SHUXUE WENHUA CAIHONG QIAO 5

策　　划：敖登格日乐
责任编辑：田　莉
责任技编：王增元
封面设计：卜翠红
内文版式：叶晓丽

图书在版编目（CIP）数据

数学文化彩虹桥. 5 / 陈加仓，包含丽主编. 桂林：广西师范大学出版社，2024.12. -- ISBN 978-7-5598-7525-9

Ⅰ. G624.503

中国国家版本馆 CIP 数据核字第 2024HN4689 号

广西师范大学出版社出版发行

（广西桂林市五里店路 9 号　邮政编码：541004）
　网址：http://www.bbtpress.com
出版人：黄轩庄
全国新华书店经销
北京汇瑞嘉合文化发展有限公司印刷
（北京市北京经济技术开发区荣华南路 10 号院 5 号楼 1501　邮政编码：100176）
开本：787 mm × 1 092 mm　1/16
印张：15　字数：150 千
2024 年 12 月第 1 版　　2024 年 12 月第 1 次印刷
定价：48.00 元

如发现印装质量问题，影响阅读，请与出版社发行部门联系调换。

序 言

　　《数学文化彩虹桥》丛书是一套适合小学一至六年级学生进行数学学习、探究、阅读的图书，共6册。其中1至3册每册24个主题，4至6册每册28个主题，共156个主题。这套书集聚温州大学城附属学校的数学教育成果以及温州大学华侨网络学院华文教育的研究优势，每一个主题均选自陈加仓名师工作室团队为温州大学华侨网络学院学生量身定制的课程。书中将古诗词、二十四节气、神话故事、爱国主义精神等中华文化元素融入数学教学中，相应课程一经推出，便得到了海外华文学校师生的高度认同。

　　著名数学家谷超豪曾说："人言数无味，我道味无穷。"《数学文化彩虹桥》丛书就是一套能让孩子感受数学魅力，增加探究兴趣，从阅读中体悟数学的趣味和中华传统文化的图书，能让孩子对数学知识产生浓厚的求知欲。这一特点体现在设问上，如"雪花长什么样子，你能画出来吗？雪花中还藏着哪些秘密？"一朵雪花就能带着孩子品味数学的魅力；再如"我能猜出你心中的数，你信吗？"一句话就能轻松调动孩子的好奇心。好奇心是孩子学习过程中最好的老师，它将带着孩子走向数学研究的深处。

该丛书是一套有具体情境、实际问题、可操作记录的读物，让孩子在"读玩做合一"的理念下进行数学探究活动，感受数学文化中蕴含的深奥内容、游戏中包含的深刻道理。

我们期盼，这套丛书能成为孩子课堂内外的学习材料、家庭教育的辅助参考、教师教学的有益资源，促进孩子在数学学习上的发展。总而言之，三言两语说不完《数学文化彩虹桥》丛书多有趣，只有亲临其中，展开阅读、思考、探索和实践，和书中的人物积极对话，你才能感受数学知识文化有多丰富，智慧营养价值有多高。

小朋友们，快来阅读吧！相信在阅读本书之后，你会对数学有一种全新的认识，会产生浓厚的兴趣，进而获得知识，提高能力。

愿你们眼里总有星辰大海，不负时光，勇往直前！

主编

人物介绍

熊猫

性格特点：积极乐观、招人喜欢

兴趣爱好：吃竹笋、卖萌、睡觉和给小朋友提问题

博士

性格特点：温和、睿智、博学多才

兴趣爱好：研究问题，总结规律，探寻事物的本质

华华

性格特点：乐观开朗、积极向上

兴趣爱好：踢足球、打羽毛球、编程、读书

佳佳
性格特点：善良温和、有责任感
兴趣爱好：喜欢小动物、热心公益、弹古筝、写书法

慧慧
性格特点：独立自信、活泼开朗
兴趣爱好：下围棋、做手账、看电影、读书

侨侨
性格特点：聪明机灵、勇敢正直
兴趣爱好：攀岩、拼搭玩具、问问题、思考

融融
性格特点：可爱懂事、善解人意
兴趣爱好：跟小朋友做游戏、听妈妈讲故事、游泳

目 录

1. 倒水问题 1
2. 寻找长方形面积的 $\frac{1}{2}$ 7
3. 空瓶和水的秘密 13
4. 三角形的拼接 19
5. 神奇的尾数 28
6. 有趣的三边关系 37
7. 寻找点的轨迹 44
8. 余数再研究 55
9. 剪纸中的学问 63
10. 四连方 70
11. 转角的秘密 77
12. 有趣的相遇问题 85
13. 怎么拆积最大 91
14. 楼梯中的数学问题 100

15. 图形的密铺问题 108

16. 神奇的"缺8数" 115

17. 中国剩余定理 124

18. 田忌赛马 131

19. 九章算术——盈不足 139

20. "鸡兔同笼"再研究 145

21. 勇夺"数学皇冠"的陈景润 153

22. 棋盘里的数学 160

23. 抢棋游戏 172

24. 逃生游戏 182

25. 益智游戏——九连环 190

26. "读心术" 198

27. 抢数游戏 204

28. 井格游戏 213

参考答案 219

1 倒水问题

扫码听讲解

  同学们，只用 3 升、5 升的两个水桶，你们能准确量出 4 升的水吗？

周日，奶奶让华华去河边打 4 升水来浇花，华华在院子里找了半天，只找到两个能装 3 升水和 5 升水的水桶，而且水桶上也没有任何刻度。华华能用这两个水桶打到 4 升水吗？

3 升　　　5 升

  上面的问题如何解决呢？我们一起来探究吧。

动手操作

用 3 升、5 升的两个水桶，量出 4 升的水。（可尝试画图或列表来解决问题哦！）

一起来交流

这是我的方法:第一步,先将3升桶加满水;第二步,将3升桶中的水倒入5升桶中;第三步,将3升桶再加满水;第四步,再将3升桶中的水倒入5升桶中,剩下1升水;第五步,倒掉5升桶中的水;第六步,将3升桶中的1升水倒入5升桶中;第七步,将3升桶加满水;第八步,将3升桶中的水倒入5升桶中,合成4升水。

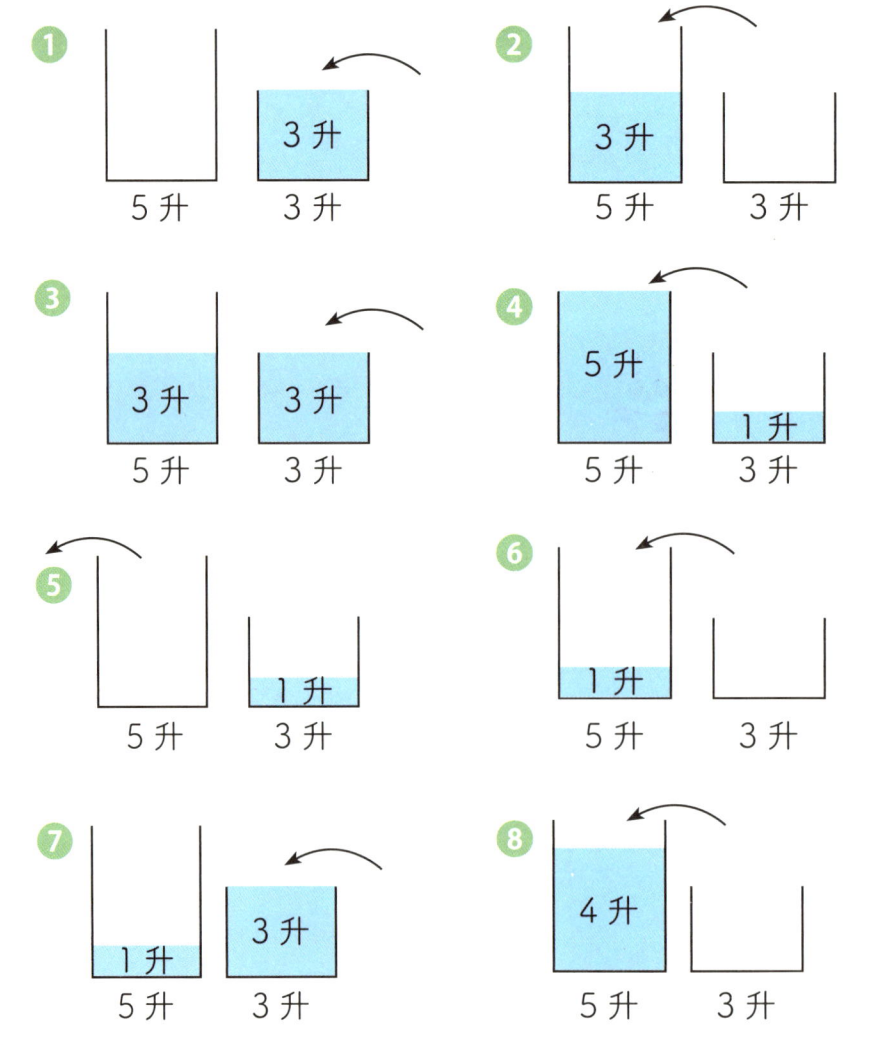

我是用表格记录倒水过程的：

步骤	1	2	3	4	5	6	7	8
5升	0	3	3	5	0	1	1	4
3升	3	0	3	1	1	0	3	0

还可以先将5升桶加满水：

步骤	1	2	3	4	5	6
5升	5	2	2	0	5	4
3升	0	3	0	2	2	3

神奇大揭秘  用3升桶和5升桶量出4升水，最关键的是哪一步？

 要找到1升水。

可以用算式找出加1升水的办法，如 $5×2-3×3=1$（升），那就是先往5升桶里加水，再往3升桶里倒。

 哦，那也可以用 $3×2-5=1$（升），先往3升桶里加水，再往5升桶里倒。

动手操作

请用10升桶和6升桶，量出8升的水。

一起来交流

这次关键是找到2升水，先用算式表示出加2升水的办法，如6×2－10＝2（升），先往6升桶里加水，再往10升桶里倒；也可以用10×2－6×3＝2（升），那就是先往10升桶里加水，再往6升桶里倒。

我用列表法。
可以先将水加入6升桶中：

步骤	1	2	3	4	5	6	7	8
10升	0	6	6	10	0	2	2	8
6升	6	0	6	2	2	0	6	0

也可以先将水加入 10 升桶中：

步骤	1	2	3	4	5	6
10 升	10	4	4	0	10	8
6 升	0	6	0	4	4 2	6

我直接列算式：$10×2-6×2=8$（升），
或 $6×3-10=8$（升）。

知识我会用

同学们，前面讲的方法你们都学会了吗？我来考考你们。

用 7 升、4 升的两个水桶，量出 5 升的水。（可用画图或者列表的方法来解决哦！）

智慧小链接

同学们,你们知道"韩信分油"的故事吗?来看看吧。

中国古代也流传着一个类似倒水的问题,那就是"韩信分油":

年轻的韩信骑马经过一个热闹的街市。街上围了一圈人,有两个人正在为分油向路人求助。他们有10升油,装在一个容积为10升的油篓里,还有一个空油罐和一个空葫芦,油罐的容积为7升,葫芦的容积为3升。两个人准备把油篓里的10升油平分,因为缺少5升的容器,油在油罐和油篓间颠来倒去,总是不能令双方满意,只能当街求助。韩信想了想,对他们说:"葫芦归罐罐归篓,把油平分了,快回家去吧。"

韩信是怎么分油的,你知道了吗?动手试一试吧。

❷ 寻找长方形面积的 $\frac{1}{2}$

数学真奇妙

 同学们,你们有什么办法可以找到长方形面积的 $\frac{1}{2}$?

一起来交流

 我有一张长方形的纸。

（长方形：4厘米 × 2厘米）

 我有一张正方形的纸。

（正方形：2厘米 × 2厘米）

 你这张纸的面积是我的 $\frac{1}{2}$ 呢!

 能把你的长方形变得和我的正方形一样大吗?

 这有什么难的!你看,对折一下就可以了。

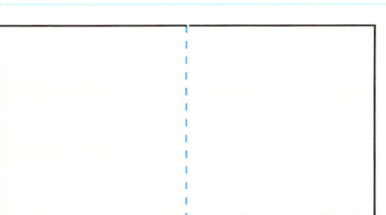

同学们，要得到长方形面积的 $\frac{1}{2}$，你们还有其他办法吗？

动手来探究  你还能设计出哪些符合要求的图形？用你喜欢的颜色涂一涂。

动手操作

按要求涂一涂。（涂色部分的面积是长方形面积的 $\frac{1}{2}$）

一起来交流

 太简单啦！看我的！

 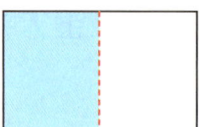 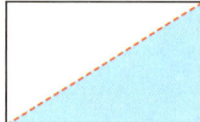 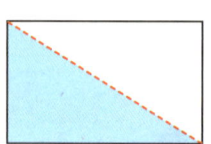

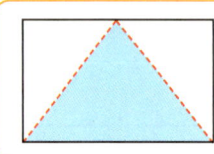 我还设计出了这样的呢！你还能设计出其他形状吗？

 我能设计出这样的哦!

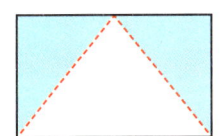 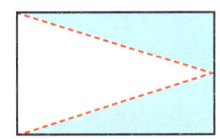 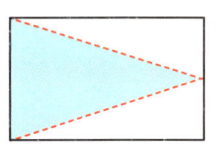

你们真棒!下面难度升级啦,你还会吗?

动手操作

下面的图形中,涂色部分的面积是长方形面积的 $\frac{1}{2}$ 吗?

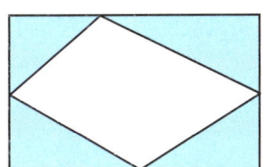  

一起来交流

 可以试着在各图中分别添加一条辅助线,观察每个长方形内空白部分与涂色部分的面积关系。

就像这样!

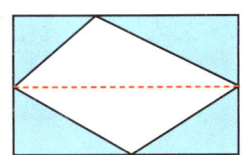 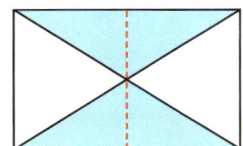 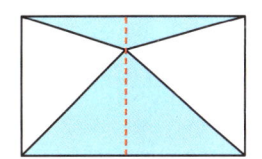 

再试试看,还能设计出什么图案呢?画一画,涂一涂。

试一试 下面两个图中涂色部分的面积是长方形面积的 $\frac{1}{2}$ 吗?

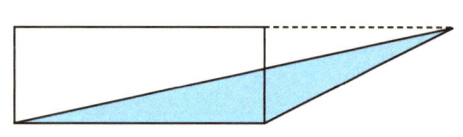 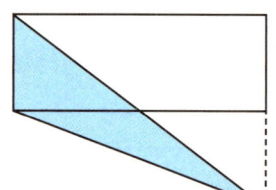

上面两个图中,每个三角形(涂色部分)与对应的长方形都是等底等高的,因此,三角形的面积就是长方形面积的 $\frac{1}{2}$。

神奇大揭秘 通过前面的交流，大家学会如何寻找长方形面积的 $\frac{1}{2}$ 了吗？

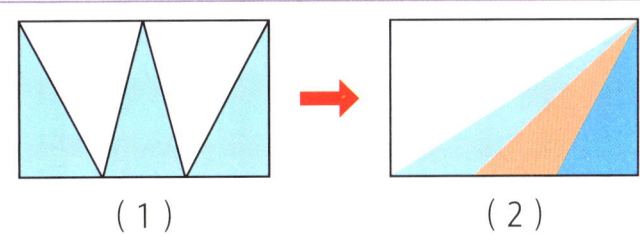

（1）　　　　　（2）

图（1）中三个涂有颜色的小三角形的高相等，底也相等，可以根据"等底等高的三角形面积相等"的性质将这三个小三角形合并成一个大三角形，如图（2）所示。这个大三角形的面积是长方形面积的 $\frac{1}{2}$，因此图（1）中涂色部分的面积就是长方形面积的 $\frac{1}{2}$。综上所述，在长方形中分三角形，只要保证三角形的底（或底的和）等于长方形的长（或宽），高（或高的和）等于长方形的宽（或长），不管分成几个三角形，这些三角形的面积之和都等于长方形面积的 $\frac{1}{2}$。

上面的方法是否同样适用于三角形和梯形呢？请试一试。

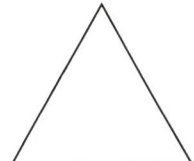 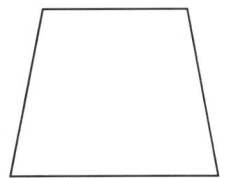 

知识我会用

 同学们,前面讲的方法你们都学会了吗?我来考考你们。

如图,请算出涂色部分的面积。

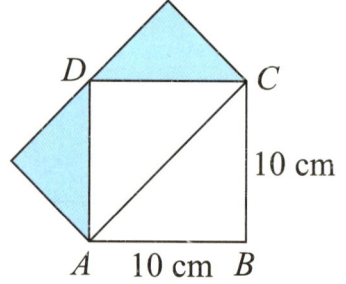

智慧小链接

 同学们,下面的知识你们还记得吗?来看看吧。

三角形的面积=底×高÷2,因此如果两个三角形的底相等,高也相等,那么这两个三角形的面积也相等。

梯形的面积=(上底+下底)×高÷2,因此如果两个梯形的上、下底之和相等,高也相等,那么这两个梯形的面积也相等。

3 空瓶和水的秘密

数学真奇妙  同学们,今天我们来探究一下空瓶和水的秘密。

华华用 1 个空瓶装了 3 杯一样的水,共重 360 克(不包含杯子的质量,下同);侨侨用同样的 1 个空瓶装了 5 杯一样的水,共重 480 克。慧慧马上就知道他们的空瓶和每杯水的质量,你知道她是怎么算出来的吗?

一起来交流

我先用画图的方法表示出题目的意思。

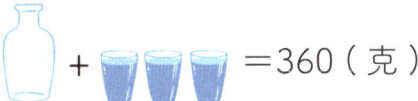

同学们,请你们把上下相同的部分划去,表示出相差的 2 杯水的质量。

我发现了!它们都有 1 个空瓶,它们相差了 2 杯水!

2 杯水重 120 克，因此 1 杯水重 60 克，1 个空瓶重 180 克。

我直接用算式表示：
　　　　1 个空瓶＋3 杯水＝360（克）
　　　　1 个空瓶＋5 杯水＝480（克）
1 杯水：(480－360)÷(5－3)＝60（克）；
1 个空瓶：360－60×3＝180（克），
　　　　或 480－60×5＝180（克）。

动手来探究

同学们，你们学会了吗？我们来探究一下。

动手操作

　　1 个空瓶装 4 杯同样的水重 520 克，2 个空瓶装 6 杯同样的水重 880 克。你能算出 1 个空瓶和 1 杯水分别重多少克吗？

一起来交流

=520(克)

=880(克)

空瓶和杯子的数量都不相等，不能简单抵消。

可以像下面这样，把 1 个空瓶 4 杯水翻倍变成 2 个空瓶和 8 杯水，质量变成 1040 克，瓶子的数量就相等了，可以抵消。

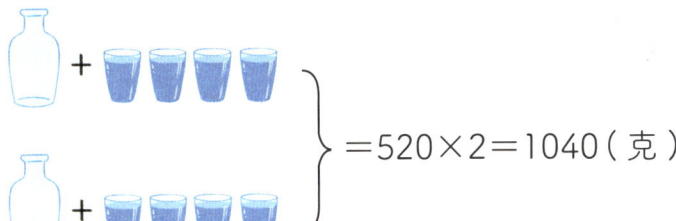
=520×2=1040(克)

=880(克)

还可以用算式表示上面的过程，再算出 1 个空瓶和 1 杯水的质量。

$$1 \text{ 个空瓶} + 4 \text{ 杯水} = 520 \text{（克）} \xrightarrow{×2}$$
$$2 \text{ 个空瓶} + 8 \text{ 杯水} = 1040 \text{（克）}$$
$$2 \text{ 个空瓶} + 6 \text{ 杯水} = 880 \text{（克）}$$

1 杯水：(1040－880)÷(8－6)=80(克)；
1 个空瓶：520－80×4=200(克)。

能不能把水变成一样多，先算出1个空瓶的质量？

我会，我来。

1 个空瓶 + 4 杯水 = 520（克）×3

3 个空瓶 + 12 杯水 = 1560（克）

2 个空瓶 + 6 杯水 = 880（克）×2

4 个空瓶 + 12 杯水 = 1760（克）

1 个空瓶：（1760 - 1560）÷（4 - 3）= 200（克）；

1 杯水：（520 - 200）÷ 4 = 80（克）。

神奇大揭秘

你找到计算空瓶和水的质量的方法了吗？来看看吧。

一起来交流

2 个空瓶 + 8 杯水 = 1040（克）
2 个空瓶 + 6 杯水 = 880（克）

↑

1 个空瓶 + 4 杯水 = 520（克）
2 个空瓶 + 6 杯水 = 880（克）

↓

3 个空瓶 + 12 杯水 = 1560（克）
4 个空瓶 + 12 杯水 = 1760（克）

只要把空瓶（或水）的数量变成一样，就能发现总质量不同是由水（或空瓶）的量不同引起的，这样解决起来就容易多了。

知识我会用

同学们,前面讲的方法你们都学会了吗?我来考考你们。

❶ 1个空瓶和3杯水共重330克,2个空瓶和5杯水共重600克,求每个空瓶和每杯水各重多少克。(不包含杯子的质量哦!)

❷ 某商店第一次运来6筐苹果和4筐橘子,共重400千克;第二次运来9筐苹果和4筐橘子,共重550千克。请算出每筐苹果和每筐橘子各重多少千克。(不包含筐子的质量)请你先想一想,再画一画。

可以试着把苹果当作空瓶,把橘子当作水哦!

智慧小链接

同学们，你们知道吗？这种相互抵消的方法叫作"消元法"。

前面讲的这种把空瓶或者水的数量变成相同，再通过求差算出水或空瓶的质量的方法，实际上就是"消元法"。

关于"消元法"的研究，我国早在两汉时期就开始了。到了宋元时期，李冶、朱世杰又创立了具有世界意义的成就——天元术，这在我国南宋数学家杨辉所著的《田亩比类乘除捷法》一书中就有记载。当未知数不止一个的时候，列出高次方程联立方程组求解的方法就是"天元术"。元代数学家朱世杰在数学家秦九韶、李冶等前人所创立的一元高次方程的数值解法和"天元术"的基础上，进一步发展了"四元术"，创造了用"消元法"解二、三、四元高次方程组的方法。

元代数学家朱世杰所著
《算学启蒙》内页

④ 三角形的拼接

扫码听讲解

数学真奇妙  同学们,你们玩过"桥梁建筑师"游戏吗?

一起来交流

 我玩过。佳佳,你知道为什么用三角形来建造桥梁吗?

因为三角形具有稳定性,用一个个三角形拼接成的桥梁比较牢固。

 佳佳说得很好。我们今天来研究一下三角形拼接的问题。

动手来探究

 三角形拼接都有哪些问题呢？我们来探究一下。

动手操作

下图中有几个三角形？一共有几个顶点？几条边？

一起来交流

这个简单，一共有 10 个三角形，30 个顶点，30 条边。

 给你来个难点的问题，10 个三角形拼接在一起，如果有 14 个顶点，那么有几条边呢？

啊？这……我蒙了！

 当遇到比较复杂的问题时，我们可以化繁为简，从简单的问题开始研究。

4. 三角形的拼接

动手操作

将2个三角形拼接在一起,你能想到几种拼接方法?请你先想一想,再画一画。

一起来交流

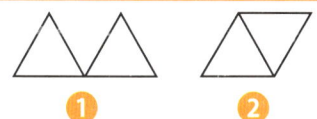

太简单了,我拼出来了。

 数一数,这两种拼法分别有几个顶点?几条边?它们有什么相同的地方?

拼法	三角形个数(个)	边数(条)	顶点数(个)
❶	2	6	5
❷	2	5	4

我发现,这两种拼法的边数都比顶点数多1。

如果将3个三角形拼接在一起，你能想到几种拼接方法？不同拼法中边数与顶点数之间又有什么关系呢？

我拼出了五种：

拼法	三角形个数（个）	边数（条）	顶点数（个）
	3	9	7
	3	9	7
	3	9	7
	3	8	6
	3	7	5

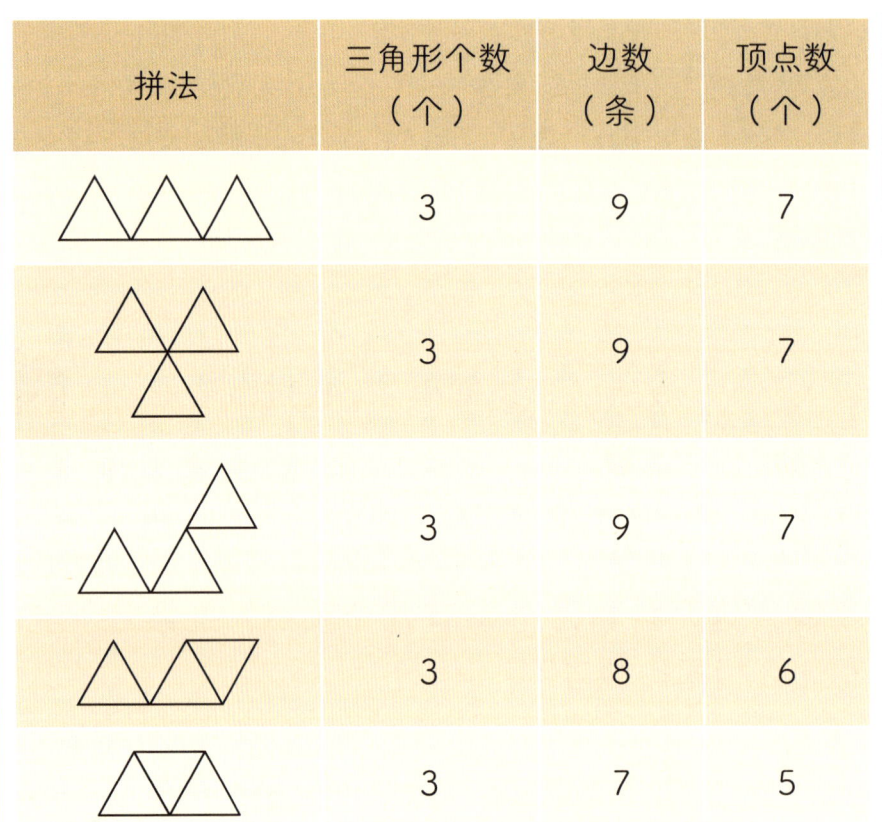

我发现，不管怎么拼，边数都比顶点数多2。

2个三角形拼接、3个三角形拼接，都得到了不同拼法中边数和顶点数之间的关系，那么如果是4个三角形或者5个三角形拼接，不同拼法中边数和顶点数之间又会有什么关系呢？

4. 三角形的拼接

我来拼 4 个三角形的。

拼法	三角形个数（个）	边数（条）	顶点数（个）
△△△△	4	12	9
△▽△▽	4	11	8
△▽△	4	10	7
△中有△	4	9	6

4 个三角形拼接，边数与顶点数相差 3。

那我拼 5 个三角形。

拼法	三角形个数（个）	边数（条）	顶点数（个）
△△△△△	5	15	11
△▽△▽△	5	14	10
△▽△▽	5	12	8
大△含小△	5	11	7

5 个三角形拼接，边数与顶点数相差 4。

我总结了一下：
2个三角形拼接，边数－顶点数＝1；
3个三角形拼接，边数－顶点数＝2；
4个三角形拼接，边数－顶点数＝3；
5个三角形拼接，边数－顶点数＝4。

啊，我知道了！边数与顶点数的差总比三角形个数少1，即三角形个数－1＝边数－顶点数。

  华华说得对不对呢，我们一起来验证一下。

再选择一种情况验证一下。你选择研究（　　）个三角形拼接，请画出两种不同的拼接，并研究边数、顶点数和三角形个数之间的关系。

一起来交流

 可以通过一一举例来验证规律,也可以通过分析不同情况来验证规律。以7个三角形拼接为例,如果在7个三角形拼接的基础上再增加1个三角形,那么不管哪种情况,依然符合:三角形个数－1＝边数－顶点数。

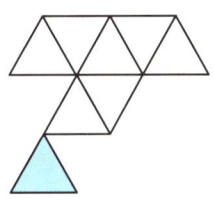 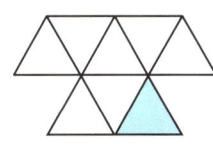 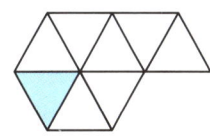

慧慧,现在你知道10个三角形拼接在一起,如果有14个顶点,那么有几条边了吗?

 哈哈哈,现在这个问题变得太简单了。10个三角形拼接在一起,如果有14个顶点,那么就有23条边。

读一读

除了三角形的拼接,还有四边形、五边形等图形的拼接,我们一起来欣赏吧。

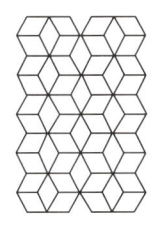  

 **知识我会用**  同学们，前面讲的方法你们都学会了吗？我来考考你们。

如果拼接的图形是正方形、正五边形或正六边形……图形个数、边数、顶点数之间又会有什么关系呢？

你可以先猜测，再选择一种或者几种图形进行验证。

我的猜测：

图形个数、边数、顶点数之间的关系是：_____
_____。

我选择研究（　　　　）拼接，请画出两种不同的拼接，并研究边数和顶点数之间的关系。

拼法（画一画）	图形个数（个）	边数（条）	顶点数（个）

我的结论：

图形个数、边数、顶点数之间的关系是：_____
_____。

智慧小链接

你们知道前面讲的规律是哪位数学家发现的吗？来看看吧。

莱昂哈德·欧拉（1707—1783），瑞士数学家和物理学家，近代数学先驱之一。他是科学史上多产的杰出数学家之一，共写下了800多本书籍和论文，其中在世时发表了700多篇论文。欧拉的研究论著几乎涉及所有数学分支，并且他对物理力学、天文学、弹道学、航海学、建筑学、音乐都有研究。有许多公式、定理、解法、函数、方程、常数等是以欧拉的名字命名的。欧拉编写的数学教材在当时一直被当作标准教程。19世纪伟大的数学家高斯（1777—1855）曾说过"研究欧拉的著作永远是了解数学的最好方法"。欧拉不仅解决了彗星轨迹的计算问题，还解决了使牛顿头痛的月地问题。对著名的"哥尼斯堡七桥问题"的解答开创了"图论"的研究。欧拉发现，不论什么形状的凸多面体，其顶点数 V、棱数 E、面数 F 之间的关系总符合 $V+F-E=2$，此式被称为欧拉公式，$V+F-E$ 即欧拉示性数，已成为"拓扑学"的基础概念。

5 神奇的尾数

扫码听讲解

数学真奇妙  同学们,今天我们来研究神奇的尾数。

动手操作

下面两道题你能快速而准确地判断出计算结果的对错,并说明理由吗?

❶ 10.2×6.7=13.26　　❷ 23.6+14.7=38.2

一起来交流

❶ 10.2×6.7 看末尾,2×7=14,积的最后一位应该是 4,而不是 6。

❷ 23.6+14.7,两个加数最后一位数 6+7=13,因此和的十分位上的数应该是 3,而不是 2。

嗯,不错!这种根据计算结果的尾数来验证计算结果正确性的方法,叫作尾数判断法。尾数判断法可以减少计算过程和计算量,从而降低计算出现错误的概率。接下来,我们就利用尾数判断法来研究一些数学问题。

5. 神奇的尾数

  尾数判断法同样适用于多个数的运算吗？如果可以，怎么用呢？

动手操作

100 个 3.1 相乘，积的尾数是几？

$$\underbrace{3.1 \times 3.1 \times 3.1 \times \cdots \times 3.1}_{100 \text{ 个}}$$

###

我用竖式计算：

```
    3.1          9.6 1         29.79 1
  × 3.1        ×  3.1        ×    3.1
  ─────        ──────        ────────
    3 1          96 1          2979 1
  9 3          288 3          8937 3
  ─────        ──────        ────────
  9.6 1        29.79 1        92.352 1
```

……

这样算下去太麻烦了。观察竖式计算，可以发现积的尾数只与各个乘数的尾数的乘积有关，因此不管有多少个 3.1 相乘，只要看乘数的尾数 1 相乘之后的积即可。

仔细观察下面这一组算式，它们得到的乘积的尾数是几？

$$1×1=1$$
$$1×1×1=1$$
$$1×1×1×1=1$$
$$1×1×1×\cdots×1=1$$

不管多少个 1 相乘，积的尾数都是 1。

因此 100 个 3.1 相乘，积的尾数是 1。

观察下面两道算式，不计算，说出乘积的尾数是几？

187.231×187.231×187.231＝
57.41×57.41＝

当乘数的尾数不是 1 的时候，如何判断呢？

5. 神奇的尾数

动手操作

327×327×327×327，积的尾数是几？2023个327相乘呢？请提出你们的猜想。

一起来交流

我是从1个7开始研究的，算到第5个7时发现了规律，积的尾数是7、9、3、1这四个数的循环。我用下面的表格来验证：

7的个数（个）	算式	积的尾数
1	7	7
2	7×7	9
3	7×7×7	3
4	7×7×7×7	1
5	7×7×7×7×7	7
6	7×7×7×7×7×7	9
7	7×7×7×7×7×7×7	3
8	7×7×7×7×7×7×7×7	1
9	7×7×7×7×7×7×7×7×7	7
……	……	……
2019	7×7×7×…×7（2019个）	?
……	……	……

现在你能快速求出2023个7相乘积的尾数是几了吗？

因为多个7相乘，积的尾数是7、9、3、1这四个数的循环，所以2023÷4＝505（组）……3（个），即2023个7相乘积的尾数与3个7相乘的尾数相同，也就是3。

　　寻找7×7×7×…×7积的尾数的规律，除了可以解决2023个327相乘的积的尾数问题，还能解决哪些数相乘的积的尾数问题？比如2023个456.237相乘的积的尾数可以吗？你能自己再写几个吗？

5. 神奇的尾数

  像这样相同的数相乘，乘数的尾数除了1和7，还可以有哪些数？

一起来交流

 我来列算式。

算式	积的尾数
0×0×…×0	
1×1×…×1	
2×2×…×2	
3×3×…×3	
4×4×…×4	
5×5×…×5	
6×6×…×6	
7×7×…×7	
8×8×…×8	
9×9×…×9	

你们把它们积的尾数都找出来了吗？

我来填一填。

算式	积的尾数
0×0×⋯×0	0
1×1×⋯×1	1
2×2×⋯×2	2；4；8；6
3×3×⋯×3	3；9；7；1
4×4×⋯×4	4；6
5×5×⋯×5	5
6×6×⋯×6	6
7×7×⋯×7	7；9；3；1
8×8×⋯×8	8；4；2；6
9×9×⋯×9	9；1

同学们，你们发现规律了吗？像0、1、5、6这四个数，它们自身相乘，不管有几个乘数，积的尾数均只有一种可能；但像4、9这两个数，它们自身相乘，积的尾数均有两种可能；而2、3、7、8，积的尾数却都有四种可能。

哈哈哈，现在再让我求相同乘数相乘所得的乘积尾数是几，已经难不倒我了！比如 $\underbrace{2.4 \times 2.4 \times \cdots \times 2.4}_{10 \text{ 个}}$，只需看 $\underbrace{4 \times 4 \times \cdots \times 4}_{10 \text{ 个}}$ 积的尾数即可。若干个 4 相乘积的尾数只有 4、6 两种情况，因此 $\underbrace{2.4 \times 2.4 \times \cdots \times 2.4}_{10 \text{ 个}}$ 积的尾数一定是 6。

知识我会用

同学们，前面讲的规律你们都掌握了吗？我来考考你们。

快速求出下列算式的尾数。

❶ $\underbrace{15.2 \times 15.2 \times \cdots \times 15.2}_{2020 \text{ 个}}$

❷ $\underbrace{270 \times 270 \times \cdots \times 270}_{25 \text{ 个}}$

❸ $\underbrace{86 \times 86 \times \cdots \times 86}_{234 \text{ 个}}$

❹ $\underbrace{121 \times 121 \times \cdots \times 121}_{n \text{ 个}}$

智慧小链接　你们知道吗？多个相同乘数乘积的运算叫作乘方哦！

　　求多个相同乘数乘积的运算叫作乘方。如 $3 \times 3 \times 3 \times 3$，有 4 个 3 相乘，可以写成 3^4，读作 3 的 4 次方（幂）。每一个自然数都可以看作自身的一次方，也叫作一次幂，如 $8^1 = 8$。像前面的 $\underbrace{15.2 \times 15.2 \times \cdots \times 15.2}_{2020 \text{ 个}}$ 可以写作 15.2^{2020}，$\underbrace{121 \times 121 \times \cdots \times 121}_{n \text{ 个}}$ 可以写作 121^n。

6 有趣的三边关系

数学真奇妙  同学们，你们还记得三角形的三边关系吗？

一起来交流

 当然记得啦！

我来考考你。下面三组不同长度的小棒能分别围成三角形吗？为什么？

2 cm	1 cm	5 cm
4 cm	2 cm	7 cm
5 cm	3 cm	11 cm
(1)	(2)	(3)

 (1) 长为 2 cm、4 cm、5 cm 的三根小棒可以围成三角形，因为 2+4>5。(3) 长为 5 cm、7 cm、11 cm 的三根小棒也可以围成三角形，因为 5+7>11。

(2) 长为 1 cm、2 cm、3 cm 的三根小棒不可以围成三角形，因为 1+2=3。

除了用"两短边之和大于第三边"这种方法，还可以用"两长边之差小于第三边"来判断哦！下面三组数据中哪一组可以围成三角形？（单位：cm）

❶ 8 8 8　　❷ 8 8 18　　❸ 7 17 27

❶ 可以，因为 8＋8＞8；
❷ 不可以，因为 8＋8＜18；
❸ 不可以，因为 7＋17＜27。

❶ 可以，因为 8－8＜8；
❷ 不可以，因为 18－8＞8；
❸ 不可以，因为 27－17＞7。

6. 有趣的三边关系

动手来探究  关于三角形及其三边关系，还有哪些有趣的现象呢？

动手操作

从下面五根小棒中任取三根，你能摆出怎样的三角形？先想一想，再摆一摆。

3 cm
3 cm
3 cm
4 cm
6 cm

一起来交流

 我是这样摆的：

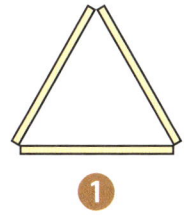 ❶ 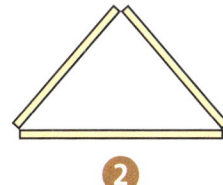 ❷ 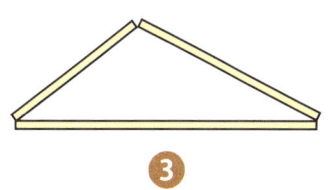 ❸

已知三角形的两条边边长都是 5 cm，那么第三条边边长可能是几厘米？（取整厘米数）

 两边之和 5+5=10，两边之差 5-5=0，因此第三条边的边长一定比 0 大、比 10 小。取整厘米数就是 1，2，3，4，5，6，7，8，9。

 这些三角形会是什么样子呢？我们把这些图形叠放在一起会怎样？

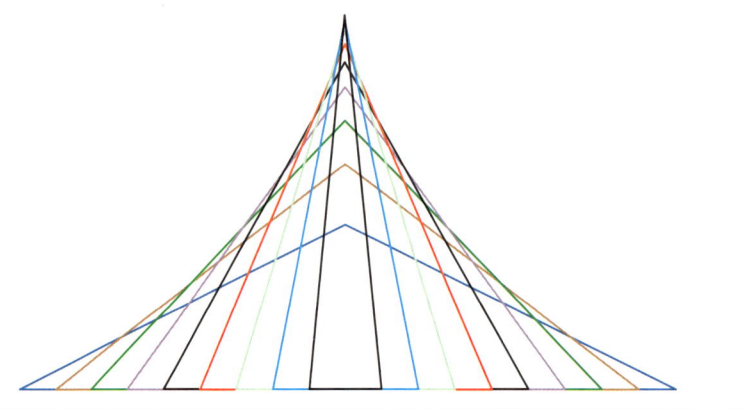

 三角形最长的一边长是 8 cm，这个三角形可能是什么样的？

 我们可以这样思考：最长边长为 8 cm，那另外两边长之和就要大于 8 cm。我们可以有序地去找和大于 8 的算式。

和为 9	1+8	2+7	3+6	4+5				
和为 10	1+9	2+8	3+7	4+6	5+5			
和为 11	1+10	2+9	3+8	4+7	5+6			
和为 12	1+11	2+10	3+9	4+8	5+7	6+6		
和为 13	1+12	2+11	3+10	4+9	5+8	6+7		
和为 14	1+13	2+12	3+11	4+10	5+9	6+8	7+7	
和为 15	1+14	2+13	3+12	4+11	5+10	6+9	7+8	
和为 16	1+15	2+14	3+13	4+12	5+11	6+10	7+9	8+8

上面的这些边长都符合吗？三角形的最长边长为 8 cm，因此我们需要再找一找！

和为 9	1+8	2+7	3+6	4+5				
和为 10		2+8	3+7	4+6	5+5			
和为 11			3+8	4+7	5+6			
和为 12				4+8	5+7	6+6		
和为 13					5+8	6+7		
和为 14						6+8	7+7	
和为 15							7+8	
和为 16								8+8

最长边长为 8 cm，利用两边之差小于 8 也可以找到哦！

差为 0	8-8	7-7	6-6	5-5	4-4	3-3	2-2	1-1
差为 1	8-7	7-6	6-5	5-4	4-3	3-2	2-1	
差为 2	8-6	7-5	6-4	5-3	4-2	3-1		
差为 3	8-5	7-4	6-3	5-2	4-1			
差为 4	8-4	7-3	6-2	5-1				
差为 5	8-3	7-2	6-1					
差为 6	8-2	7-1						
差为 7	8-1							

↓

差为 0	8-8	7-7	6-6	5-5
差为 1	8-7	7-6	6-5	5-4
差为 2	8-6	7-5	6-4	
差为 3	8-5	7-4	6-3	
差为 4	8-4	7-3		
差为 5	8-3	7-2		
差为 6	8-2			
差为 7	8-1			

确定最长边长为 a，可以用 □＋□＞a 来找另外两边；也可以用 □－□＜a 来找另外两边。

神奇大揭秘

同学们，通过前面的探究过程，你们找到规律了吗？来看看吧。

动手操作

已知三角形的周长是 15 cm，且每条边长都是整数。这样的三角形有几个？

一起来交流

最长边的长不能超过周长的一半，也就是最长边的长只能是 7 cm，另外两边长之和为 8 cm，你知道为什么吗？

因为假设有一条边长为 8 cm，所以剩下两边长之和就是 7 cm，不符合两边之和大于第三边了；同理，超过 8 cm 也是不可以的哦。你知道答案了吗？

```
7，7，1        6，6，3        5，5，5
7，6，2        6，5，4
7，5，3
7，4，4
```

三角形除了三边关系，你还想研究哪些问题呢？试试看。

知识我会用

  同学们，前面讲的你们都学会了吗？我来考考你们。

一根吸管长 20 cm，如果用这根吸管围成三角形，那么一共可以围成多少种不同的三角形？（每边长取整厘米数）

智慧小链接

 同学们，我们来学习一下更多有关三角形三边关系的知识吧。

三角形的三边关系是几何学中的一个基本概念，它描述了构成三角形的三条边之间的数学关系和性质。下面是三角形三边关系的一些主要特点：

在任何三角形中，任意两边之和大于第三边。这是三角形存在的一个基本条件，也称为三角形的"成立条件"。

在任何三角形中，任意两边之差小于第三边。

三角形被认为是所有多边形中最稳定的图形，因为只要三边的长度固定，三角形的形状和大小就唯一确定。

7 寻找点的轨迹

 **数学真奇妙** 同学们,今天我们来研究一下点的轨迹。

读一读

嗨,我是一个小小的点。别看我个头小,我的用处可大了,角、三角形、平行四边形、梯形、长方体、正方体里都有我的身影。我还爱运动,把我的运动轨迹显示出来,就会出现各种各样的图形哦。

❶ 请你先连接下图中的 A、B、C 3 个点,然后说一说这是一个什么图形。

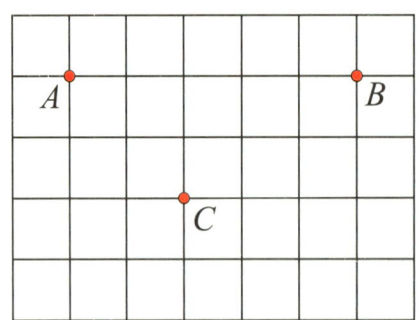

❷ 移动点 C 至下一格,会变成(　　　)三角形;如果再往下移,会变成(　　　)三角形。先想象一下,再画图验证一下。

一起来交流

❶ 是钝角三角形。

❷ 点 C 往下移一格，或者再往下移，就会变成锐角三角形。看来，点 C 一移动，三角形的类型就可能发生变化。

动手来探究

那么能不能移动点 C 使三角形变成直角三角形呢？我们来探究一下。

动手操作

请在下面的格子图中找到点 C，使三角形 ABC 成为直角三角形。你能找到多少个这样的点？

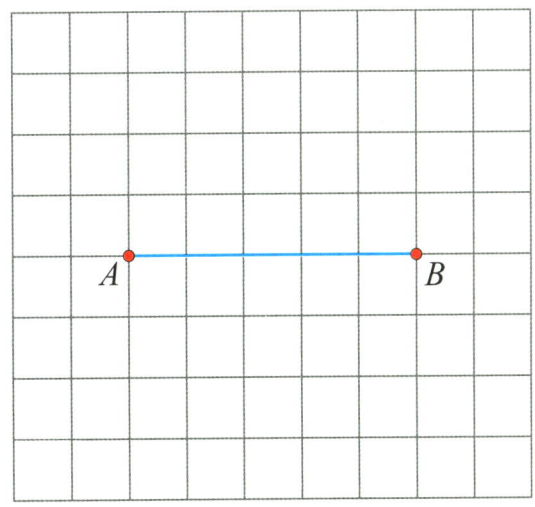

一起来交流

点 C 在点 A 或者点 B 的正下方都可以使三角形 ABC 成为直角三角形。

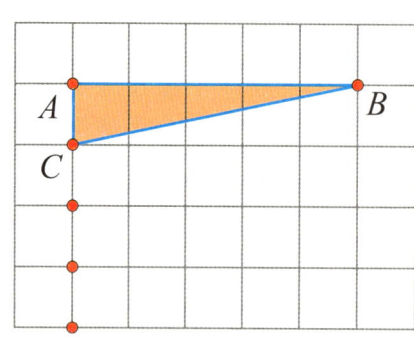
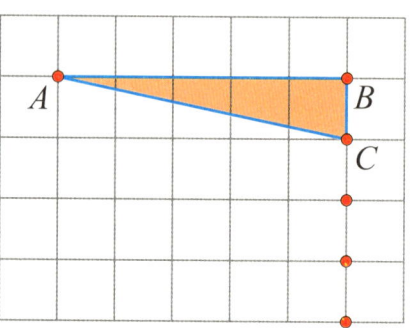

点 C 除了可以在点 A 或点 B 的正下方，还可以在它们的正上方。

我发现，只要是经过点 A 与 AB 垂直的线上的点（除点 A 外），或者经过点 B 与 AB 垂直的线上的点（除点 B 外）都可以与 A、B 两点构建直角三角形。这样的点可以找到无数个。

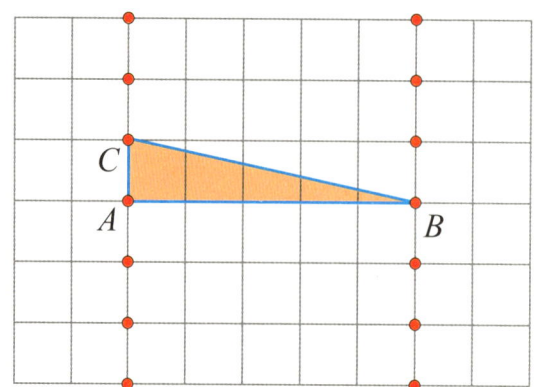

我用三角尺的直角找到了一个点 C。

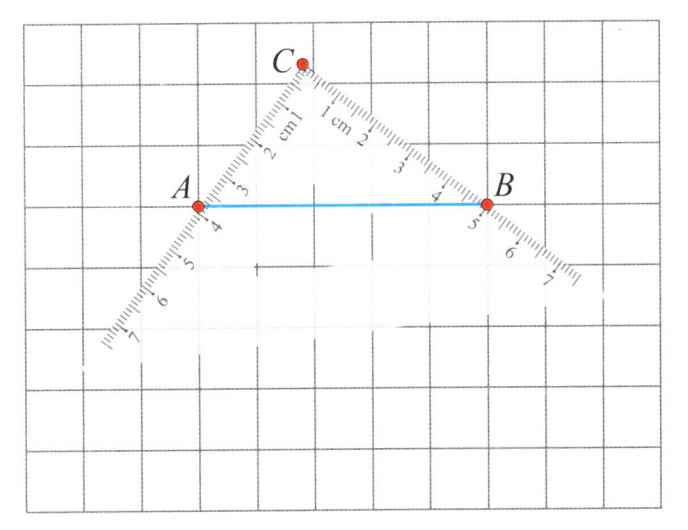

旋转三角尺，应该还能找到很多这样的点。同学们，请用三角尺试试看，还能找到更多的点吗？

如果用电脑画图，让 $\angle ACB$ 始终保持 $90°$，显示出点 C 的运动轨迹，发现是一个圆形。以 AB 为直径，在圆上任取一点 C（点 A、B 除外）与 A、B 相连，构建的 $\angle ACB$ 是一个圆周角，圆周角为 $90°$。

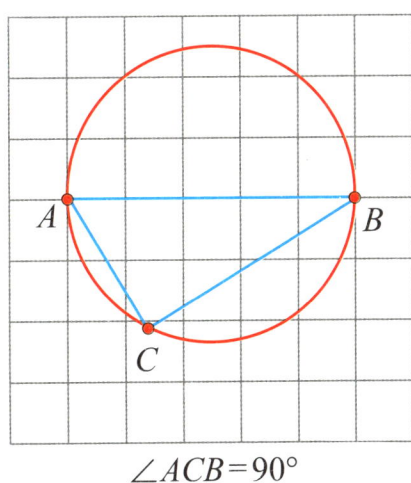

$\angle ACB = 90°$

神奇大揭秘

同学们,你们找到解决问题的方法了吗?一起来看看。

动手操作

移动点 C 可以使三角形 ABC 变成直角三角形,那能不能移动点 A 或点 B,也使三角形 ABC 变成直角三角形呢?请你在格子图中画一画。

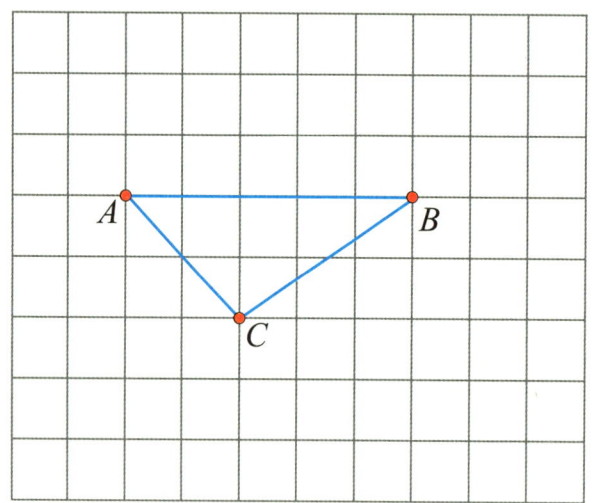

 移动点 A：过点 C 画 BC 的垂线，垂线上的任意一点（点 C 除外）都可以与 B、C 构成直角三角形；或者过点 B 画 BC 的垂线，垂线上的任意一点（点 B 除外）都可以与 B、C 构成直角三角形。

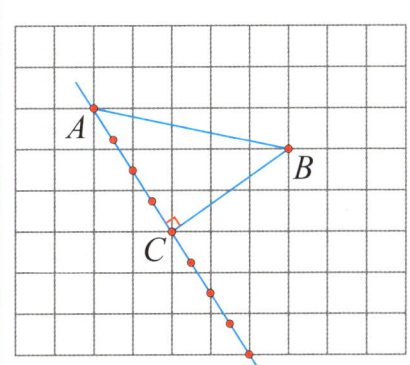
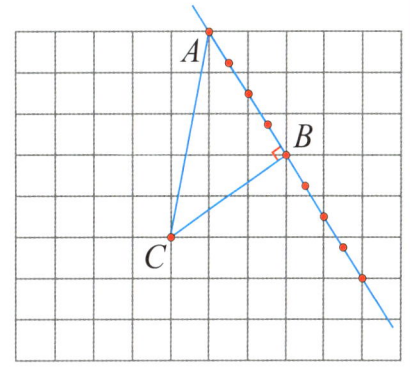

移动点 B：过点 A 画 AC 的垂线，垂线上的任意一点（点 A 除外）都可以与 A、C 构成直角三角形；或者过点 C 画 AC 的垂线，垂线上的任意一点（点 C 除外）都可以与 A、C 构成直角三角形。

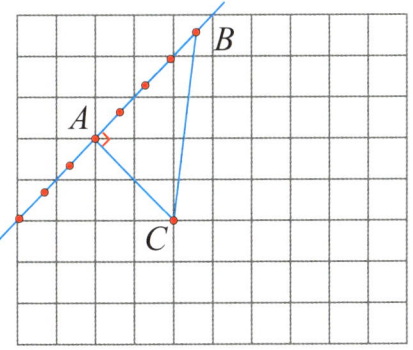
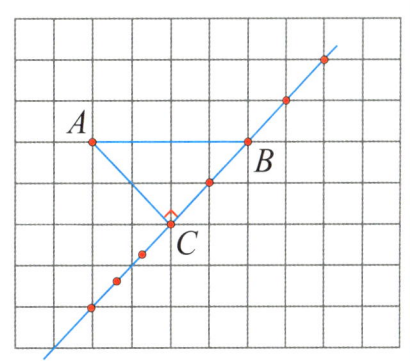

还可以将三角尺的两条直角边对准 B、C 两点,直角的顶点位置就是 A 的位置,再转动三角尺,得到很多这样的点,把这些点连起来就会变成一个圆;或以 BC 为直径画圆,圆上的任意一点(点 B、C 除外)与 B、C 相连,构成的三角形都是直角三角形。

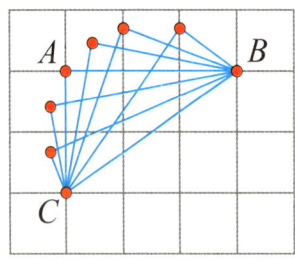
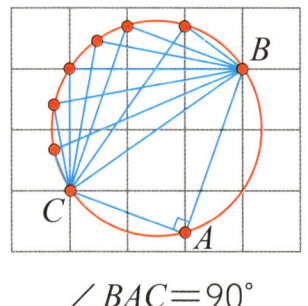

$\angle BAC = 90°$

你们太棒了!那除了构建直角三角形,其他的图形可不可以呢?比如平行四边形、梯形……

动手操作

❶ 请在下面的格子图中再找一个点,与已有的三个点 A、B、C 组成平行四边形。你能找到多少个这样的点?

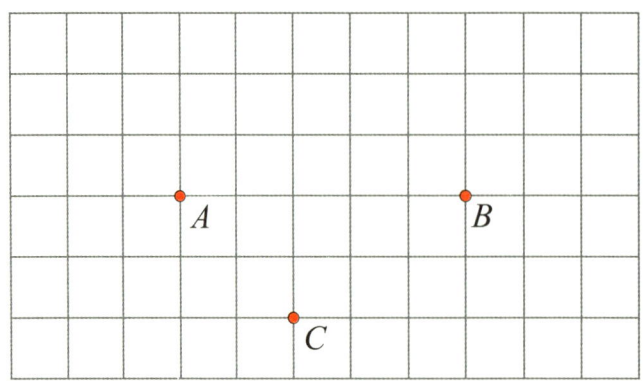

❷ 请在下面的格子图中再找一个点，与已有的三个点 A、B、C 组成梯形。你能找到多少个这样的点？

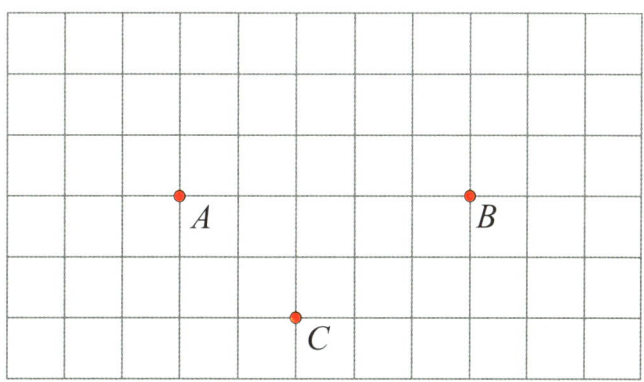

一起来交流

❶ 因为平行四边形具有对边平行且相等的性质，所以只能在点 C 的左边、右边和上边这三个方向找到三个点，与已有的三个点 A、B、C 组成平行四边形。如图（1）～（3）所示。

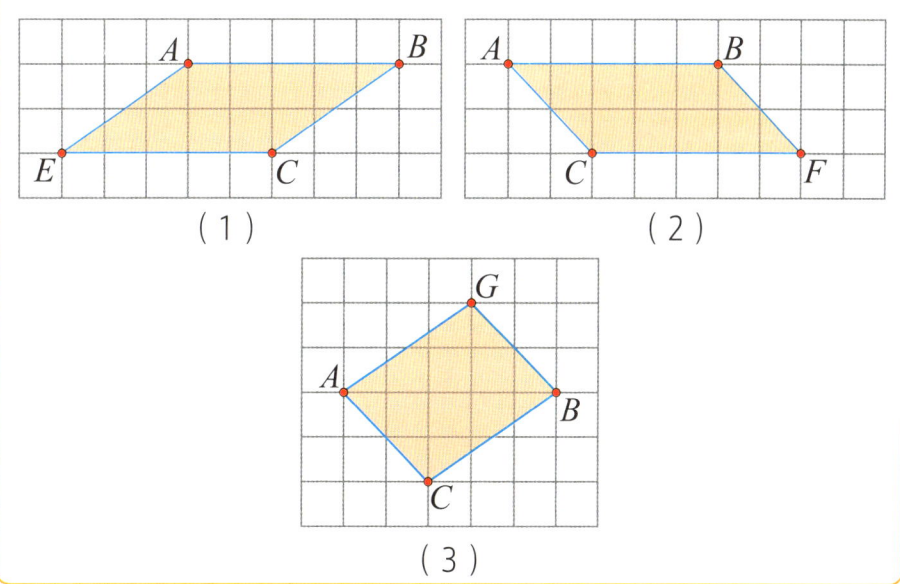

❷ 组成梯形可以在点 C 的左边找，只要不包括点 E 就可以。

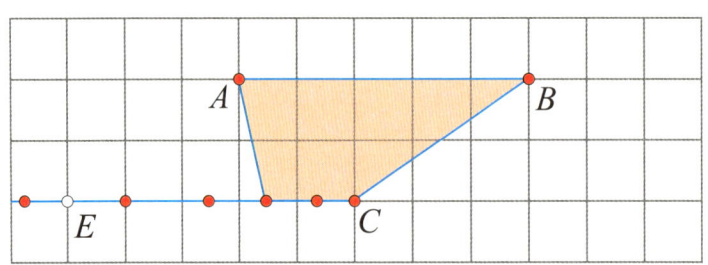

❷ 也可以在点 C 的右边找，只要不包括点 F 就可以。

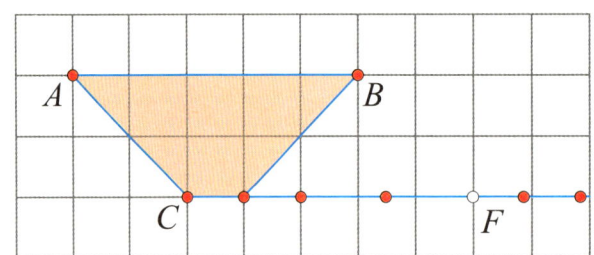

❷ 还可以过点 A 画 BC 的平行线，平行线上的任意一点（点 A、E、G 除外）都可以。

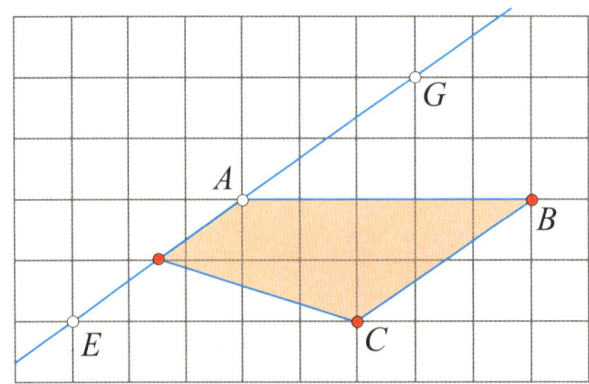

❷ 当然也可以过点 B 画 AC 的平行线，平行线上的任意一点（点 B、F、G 除外）都可以。

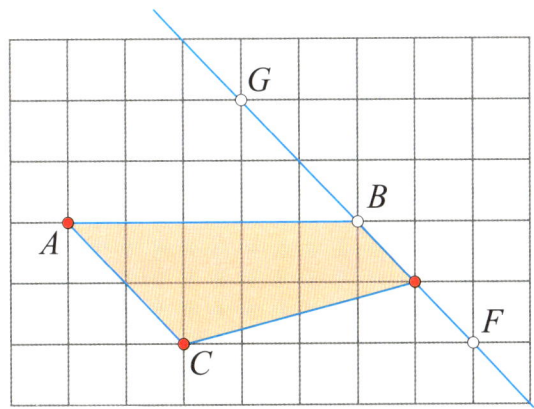

不管是构建平行四边形还是梯形，只要过其中一点作对边的平行线，再根据平行四边形或梯形对边是否相等的特点，在平行线上取点就可以了。

 知识 我会用　同学们，前面讲的方法你们都学会了吗？我来考考你们。

请在下面的格子图中再找一点 D，使四边形 $ABCD$ 成为轴对称图形，这样的 D 点共有几个？

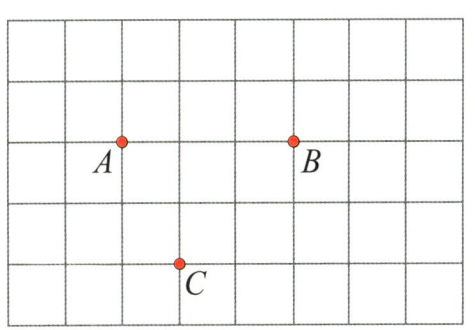

智慧小链接

同学们，关于点的轨迹，你们还知道哪些知识？来看看吧。

点的轨迹是几何学和运动学中的一个重要概念，它描述了一个点在空间或平面上移动时所形成的路径。在数学和物理学中，研究点的轨迹可以帮助我们理解和预测物体的运动规律。下面是一些与点的轨迹相关的基本知识点：

点的轨迹是指在特定条件下，一个移动点在空间所经过的路径。这个路径可以是直线、曲线或更复杂的几何形状。

在物理学中，点的轨迹可以用来描述物体的运动状态，如速度、加速度和运动路径。

在几何学中，点的轨迹可以揭示图形的对称性、周期性和其他几何特性。

点的轨迹在工程学、建筑设计、天文学、物理学等领域都有广泛的应用。例如，在设计行星轨道、分析电子运动轨迹或模拟物体在流体中的运动时，都会用到点的轨迹。

符合某一条件的所有的点组成的图形，叫作符合这一条件的点的轨迹。这里包含两层意思：

（1）图形是由符合这一条件的那些点组成的，即图形上的任何一点都满足该条件。

（2）图形包含了符合这一条件的所有的点，即符合该条件的任意一点都在图形上。

8 余数再研究

扫码听讲解

数学真奇妙

同学们,你们知道余数的来历吗?一起来看看。

读一读

余数的来历

在很久很久以前,人类还不会种植农作物,也不会驯养牲畜,他们以打猎和采集植物果实为生。但限于当时的条件,他们的收获往往比较少。他们必须把食物平均分开,否则就会有人饿死。在分配食物的时候,人们经常发现:每个人分到相同数量的食物以后,还会剩下一些,可是这些食物又不够再分一次,于是人们受此启发,开始了余数的研究。

动手操作

观察下面的算式,你有什么发现吗?先计算,再观察。

7÷7=   8÷7=   9÷7=
10÷7=   11÷7=   12÷7=
13÷7=   14÷7=   15÷7=
16÷7=   17÷7=   18÷7=

一起来交流

 我发现，除数是7的除法算式中，余数只能是小于7的数，即余数＜除数。

$9÷7=1……2$　　$16÷7=2……2$
这两道算式的余数相同，都是2，商相差1。

 像这样余数相同的除法算式，我们称之为同余。

那为什么两道算式中被除数相差7，商只相差1呢？

 我来画一画。
$9÷7=1……2$　　　$16÷7=2……2$

我知道了，9里面有1个7还多2，16里面有2个7还多2。因此被除数相差7，商相差1，余数在比较过程中被抵消。用式子表示就是$(16-9)÷7=1$。

 像这样除数相同，余数也相同的除法算式，称为同余算式。

动手来探究

 同学们,同余算式还有哪些特点呢?我们一起来探究。

动手操作

你还能再写几组同余算式吗?这些算式之间又有什么关系呢?仔细观察这些算式,你有什么新的发现?

 在同余算式中,商相差几,被除数就相差几个除数。

如果将两道除数相同但余数不同的除法算式相加或相减,会出现怎样的结果?

先写两道除数相同的除法算式：
9÷7=1……2　　　11÷7=1……4
再将这两道算式相加得到：
（9+11）÷7=2……6
为什么当被除数相加时，商和余数也一起相加呢？

用画图的方法可以解释得很清楚：
9÷7=1……2　　　11÷7=1……4
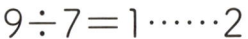 

两式相加得：
（9+11）÷7=2……6

在被除数相加的过程中，除数不变，依然是7个一份，那么商就是两道算式中商的和，余数也是两个余数的和。

神奇大揭秘

同学们，通过前面的交流，你们有什么神奇发现吗？来看看吧。

动手操作

如果余数相加超过7怎么办？如果两道除法算式的除数不是7，是其他数，结果又会如何？

$18 \div 7 = 2 \cdots\cdots 4$ 　　$26 \div 7 = 3 \cdots\cdots 5$

$(18 + 26) \div 7 = ($ 　　$) \cdots\cdots ($ 　　$)$

$10 \div 4 = 2 \cdots\cdots 2$ 　　$15 \div 4 = 3 \cdots\cdots 3$

$(10 + 15) \div 4 = ($ 　　$) \cdots\cdots ($ 　　$)$

先根据前两道算式的商和余数，猜一猜第三道算式的商和余数是几，再算一算验证一下。

一起来交流

$(18+26)÷7=(\ 6\ )……(\ 2\ )$；
$(10+15)÷4=(\ 6\ )……(\ 1\ )$。

商和余数为什么会这样呢？请你选择一组算式画图说明原因。

$18÷7=2……4$ 　　　$26÷7=3……5$

8. 余数再研究

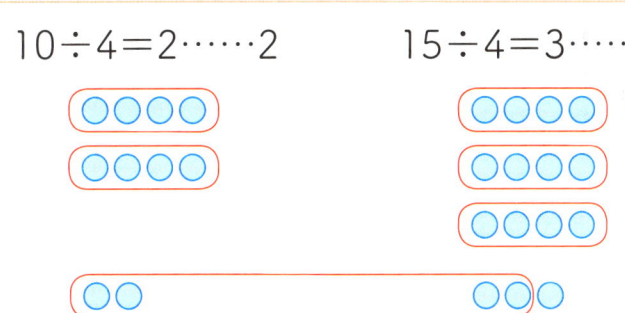

 你们都很棒！在同余情况下，将被除数相加再除以除数，当余数相加小于除数时，商为两商之和，余数为两余数之和。

$A \div C = a \cdots\cdots x \qquad B \div C = b \cdots\cdots y$

$(A+B) \div C = (a+b) \cdots\cdots (x+y)$

当余数相加大于除数时，余数中和除数相同的部分"进位"到商，商会增加1。

  同学们，前面讲的你们都掌握了吗？我来考考你们。

根据前两道算式的商和余数，快速写出第三道算式的商和余数。

❶ $20 \div 8 = 2 \cdots\cdots 4$ $\qquad$ $29 \div 8 = 3 \cdots\cdots 5$
$(20+29) \div 8 =$

❷ $43 \div 7 = 6 \cdots\cdots 1$ $\qquad$ $65 \div 7 = 9 \cdots\cdots 2$
$(43+65) \div 7 =$

❸ $34 \div 4 = 8 \cdots\cdots 2$ $\qquad$ $38 \div 4 = 9 \cdots\cdots 2$
$(34+38) \div 4 =$

智慧小链接

 如果将两道除数相同的除法算式的被除数相减,结果又会如何呢?

$11 \div 7 = 1 \cdots\cdots 4$　　　　$27 \div 7 = 3 \cdots\cdots 6$
$(27-11) \div 7 =$

 答案是商 2 余 2。

这太简单了,如果余数是小数减大数该怎么办?

 这里藏着什么计算的小秘诀呢?你自己去探索吧!

$18 \div 7 = 2 \cdots\cdots 4$　　　　$29 \div 7 = 4 \cdots\cdots 1$
$(29-18) \div 7 = (\qquad) \cdots\cdots (\qquad)$

我发现:_____

9 剪纸中的学问

扫码听讲解

数学真奇妙  同学们,你们玩过剪纸游戏吗?这里面也藏着数学问题呢!

一起来交流

 剪纸游戏要怎么玩呢?

将一张纸先平均剪成6份,再将其中的1份平均剪成6份,接着再将其中的1份平均剪成6份,一直重复,直到不剪了为止。

 听起来很好玩呢。我们一起来玩一玩吧。

动手来探究  同学们,剪纸游戏中藏着怎样的数学问题呢?我们一起来探究。

动手操作

下面的长方形可以看成是一张纸,请按照上面的规则剪1次、2次、3次,这张纸会变成多少份?请画一画,数一数,并记录在下面的表格中。

剪的次数	1次	2次	3次
剪的方法（画一画）			
纸的份数（数一数）			

一起来交流

剪 1 次这样画：

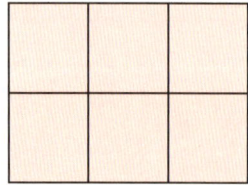

剪 2 次可以这样画：

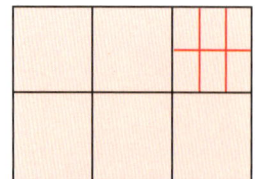

第 1 次剪的剩 5 份再加上第 2 次剪出的 6 份，一共有 5＋6＝11（份）。

9. 剪纸中的学问

剪 3 次是这样的：

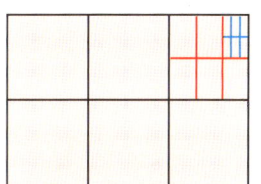

一共有 5＋5＋6＝16（份）。

我来填一填。

剪的次数	1 次	2 次	3 次
剪的方法（画一画）			
纸的份数（数一数）	6 份	11 份	16 份

神奇大揭秘

同学们，通过前面的探究，你们发现了什么？来看看吧。

动手操作

根据前面的研究，如果剪 4 次、5 次……会得到多少份呢？完成下面的表格，你有什么发现？

剪的次数	4 次	5 次	6 次	7 次	8 次	……
纸的份数						

我发现：_____

我来填一填。

剪的次数	4次	5次	6次	7次	8次	……
纸的份数	21份	26份	31份	36份	41份	……

我发现，每多剪 1 次就多 5 份，即"（剪的次数－1）×5＋6＝纸的份数"；也可以把 6 拆成 5＋1，也就是"剪的次数 ×5＋1＝纸的份数"。

每次不都是剪 6 份吗？为什么加 5？

这是因为 6 份中拿出 1 份继续往下剪，而另外 5 份不变。

"剪的次数 ×5＋1＝纸的份数"中的"1"是什么意思？

因为最后 1 份不再剪了，要加回去，所以这个"1"也可以看成是一直被拿来剪的那 1 份。

9. 剪纸中的学问

**选一选** 下面的题，不计算，你能快速选出答案吗？

一张纸先平均剪成 6 份，再从中取出 1 份平均剪成 6 份，接着再从中取出 1 份平均剪成 6 份，如此进行下去，到剪完某 1 份后停止。最后可能是几份呢？

A. 360 份　　　　B. 361 份　　　　C. 362 份

 因为"剪的次数 ×5+1＝纸的份数"，所以纸的份数是 5 的倍数 +1。5 的倍数的个位上是 0 或者 5，再加上 1，个位上应该是 1 或者 6，只有 B 符合，因此选 B。

其实除了每次剪成 6 份，还有很多种不同的剪法，比如剪成 4 份、5 份，等等。不管怎么剪，我们都要找到剪的次数和纸的份数之间的关系。

一张纸先平均剪成 4 份，再从中取出 1 份平均剪成 4 份，接着再从中取出 1 份平均剪成 4 份，如此进行下去，到剪完某 1 份后停止。请完成下面的表格，并写出你的发现。

剪的次数	1次	2次	3次	4次	5次	……	10次
纸的份数							

我发现：_____

我来试试。

剪的次数	1次	2次	3次	4次	5次	……	10次
纸的份数	4份	7份	10份	13份	16份	……	31份

我发现多剪1次就加3,"纸的份数=剪的次数×3+1"。

  同学们,前面讲的方法你们都学会了吗?我来考考你们。

一张纸先平均剪成11份,再从中取出1份平均剪成11份,接着再从中取出1份平均剪成11份,如此进行下去,到剪完某1份后停止。那么,199、201、210哪个是可能剪出来的份数?需要剪几次?先找到规律再得出结论。(有困难的同学可以借助表格哦!)

  类似的分法，我们可以得到各种漂亮的图形哦！来看看吧。

1个三角形，找到各边的中点，然后连起来，就能把它平均分成4份。如果将中间的那个三角形再平均分成4份，一直按照这样的方法分下去，分10次一共能分出多少个三角形呢？

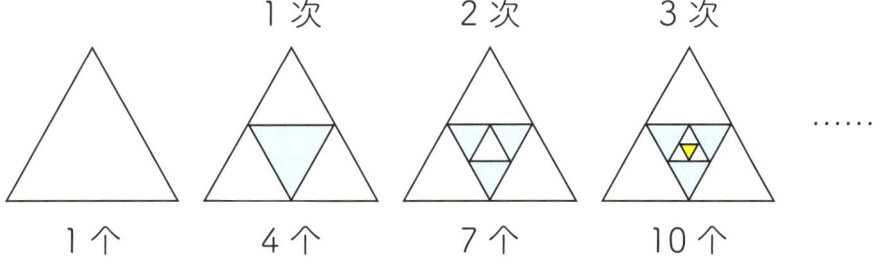

分的时候只拿其中的1个三角形分成4份，另外3个不动，每次分都加3，因此分了10次就是3×10+1=31（个），总有1个最后不分了，所以在后面加1。

下图是一幅漂亮的简笔画，我们来看看它是怎么形成的？

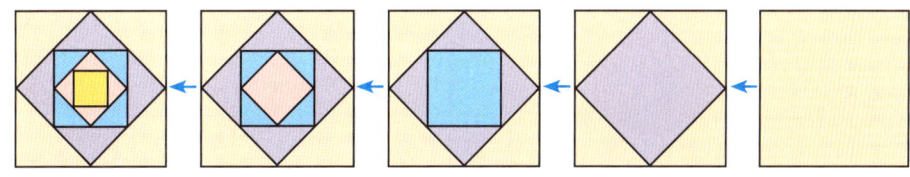

每增加1个正方形，就增加4个三角形，如果增加10个正方形，就有三角形4×10=40（个）；如果增加 n 个正方形，就有三角形 $4n$ 个。

三角形的要加1，为什么这次不用加1了？

因为这次分的是正方形，求的却是三角形的个数，所以不管到哪里为止，最后1个都是正方形，不用加1。

 10 四连方

数学真奇妙

 同学们，今天我们来研究一个跟图形拼组有关的趣味数学问题。

读一读

把两个相同的正方形边与边完全重合拼成的图形叫作二连方；把三个相同的正方形边与边完全重合拼成的图形叫作三连方；以此类推，四个正方形拼成的图形就叫作四连方，五个正方形拼成的图形就叫作五连方……

一起来交流

 我们先从最简单的开始研究。想一想，二连方有几种拼法？

我知道，有 2 种。

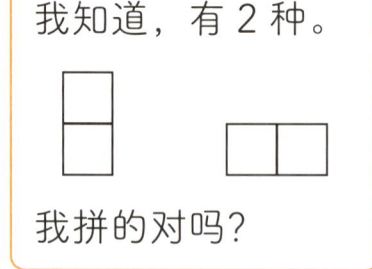

我拼的对吗？

 像 这样通过旋转可以变成相同图形的都属于同一种连方，因此二连方只有 1 种拼法。那么再增加一个正方形，你能拼出怎样的三连方？

10. 四连方

太简单啦！我拼出来了。

怎样拼，才能做到不重复不遗漏呢？

可以先考虑三个为一排，只有 1 种拼法，再考虑两个为一排，也只有 1 种拼法。这样有序思考就可以做到不重复不遗漏啦！

你们太棒了！有没有信心拼一下更具挑战性的四连方呢？你打算怎么拼？

动手来探究  我们来拼一下四连方，看看一共有多少种拼法。

先想好正方形的拼接顺序，再动手去拼，并记录每次拼的形状，最后检查一下有没有重复或遗漏。

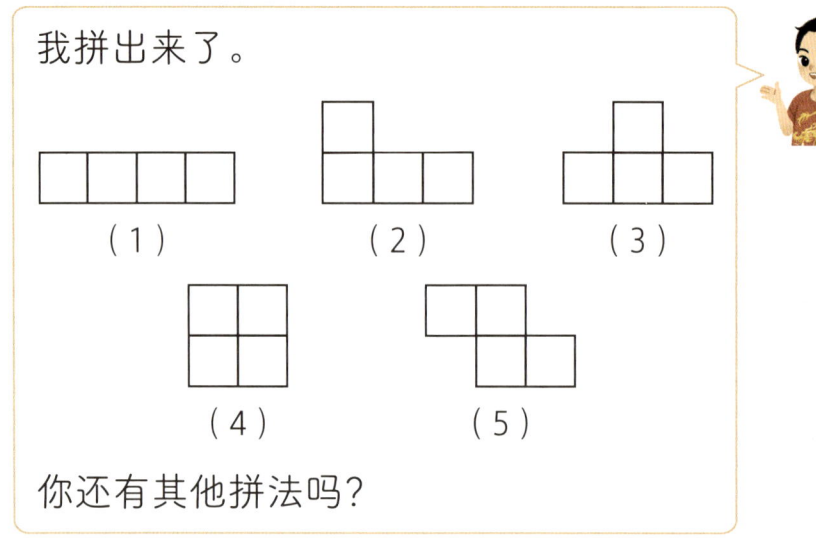

我拼出来了。

（1） （2） （3）

（4） （5）

你还有其他拼法吗？

为了区别，我们给用不同方法拼成的四连方分别取个名字吧。图（1）是一字排开的，就叫作一字形；图（2）就叫作L字形；图（3）是倒着的T，就叫作T字形；图（4）是田字形；图（5）像字母"Z"，就叫作Z字形。

动手操作

❶ 在下面这个图中，你能找到哪些不同的四连方？谁能有顺序地找出所有的L字形？

1	2	3
4	5	6

❷ 你能用 2 个四连方填满下图吗?

1	2	3	4
5	6	7	8

一起来交流

❶ 1、2、3、5 组成 T 字形,1、2、4、5 组成田字形,1、2、5、6 组成 Z 字形,1、4、5、6 组成 L 字形,……

❶ 我找 L 字形的。先确定一行是 3 个的,可以是 4、5、6,也可以是 1、2、3,那么另一行与 4、5、6 对应的就是 1 或 3,与 1、2、3 对应的就是 4 或 6。一共有 4 种。

 ❷ 1、2、3、4 和 5、6、7、8,1、2、5、6 和 3、4、7、8,1、5、6、7 和 2、3、4、8,2 个一字形、2 个田字形、2 个 L 字形四连方都可以填满。

❷ 想一想,2 个 T 字形、2 个 Z 字形可以吗?

2个T字形不行，只能找出1个完整的T字形；2个Z字形也不可以，1、2、6、7是Z字形的，剩下的3、4、5、8不能组成四连方。

神奇大揭秘

同学们，通过前面的探究过程，你们发现了什么？来看看吧。

动手操作

填满下面这个图需要几个四连方？可以用哪种类型的四连方填满？动手涂一涂。

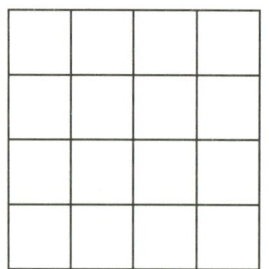

一起来交流

4个一字形、4个L字形、4个田字形、4个T字形四连方，都可以填满这个图。

2个一字形和2个L字形四连方；2个田字形和2个一字形四连方；2个田字形和2个L字形四连方……也都可以。

10. 四连方

我是这样涂的：

你还有其他方法吗？

仅用一种四连方铺满 4×4 的格子，一字形、L 字形、田字形、T 字形都可以。一字形、L 字形、田字形能铺满 2×4 的格子，就一定能铺满 4×4 的格子。仅用 Z 字形的四连方铺不满 2×4 的格子，也铺不满 4×4 的格子。

知识我会用

同学们，前面讲的你们都掌握了吗？我来考考你们。

下面这两个图形分别是由哪几种四连方拼成的？你来涂一涂吧。

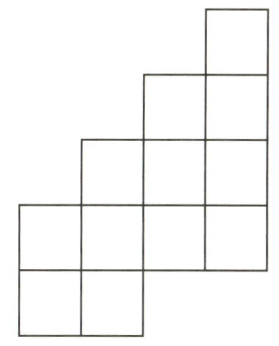
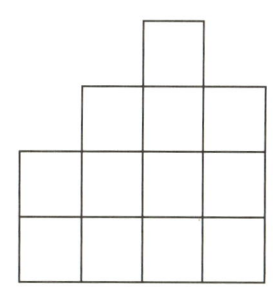

你能用研究四连方的方法继续去研究五连方和六连方吗？看谁能挑战成功！

智慧小链接

 五连方游戏也叫"伤脑筋十二块"，这是为什么呢？来看看吧。

五连方游戏也叫"伤脑筋十二块"，是一款类似七巧板游戏玩法的"伤脑筋"拼板游戏，组件多达十二块，每一块都是由五个正方形组成的，形状各不相同。"伤脑筋十二块"是中国人取的名字，它形象地说明了这种玩具的构造和功用。它可以拼出许多有趣的平面图形，能够开发智商，锻炼动手能力。

游戏规则：将十二块不同形状的木板从盒子中倒出来，打乱顺序，然后再全部装回去。

打乱顺序之后很难再全部装回去，很伤脑筋的，不信你试试！

11 转角的秘密

  大家都见过蚂蚁爬行吧,其中隐藏着什么样的数学秘密呢?

蚂蚁爬行:一只蚂蚁从下往上爬行 x 厘米以后向右转弯 $30°$,再向前爬行 x 厘米后向右转弯 $30°$……这样爬下去最后回到出发点(蚂蚁要右转同样角度回到原始状态),一共爬了 240 厘米。问蚂蚁爬行的路线是个什么图形?

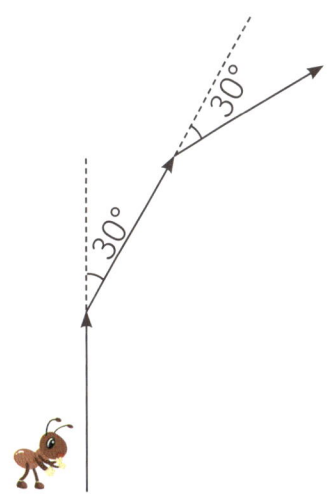

 慧慧、佳佳,你们觉得会是个什么图形?

应该是多边形，而且每条边都相等。可是，这个多边形的边数会和什么相关呢？我还不清楚。

这个图形我们不熟悉，而且到底有几条边也不知道，我们可以从学习过的熟悉的图形开始研究，比如正三角形、正方形……

  下面我们先从正三角形开始研究，一起来看看吧。

动手操作

一只蚂蚁从下往上爬，每次爬行5厘米后向右转弯，最后回到出发点（蚂蚁要右转同样角度回到原始状态）。这只蚂蚁怎样爬才能形成一个正三角形？

一起来交流

我来画一画。

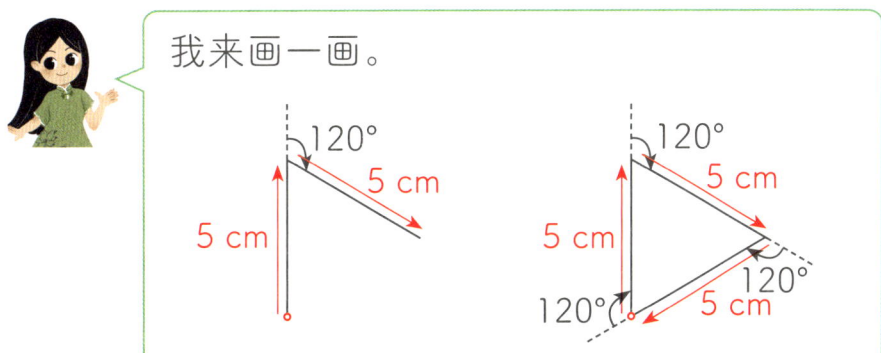

因为正三角形的三个内角都是60°,所以蚂蚁每次要向右转120°,爬同样长的路程后转3次就能回到原始状态。

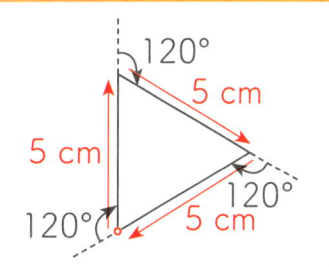

一只蚂蚁从下往上爬,每次爬行5厘米后向右转弯,最后回到出发点(蚂蚁要右转同样角度回到原始状态)。那怎样爬才能形成一个正方形呢?

太容易了!你们看,正方形的四个内角都是90°,那么蚂蚁每次要向右转90°,转4次就能回到原始状态。

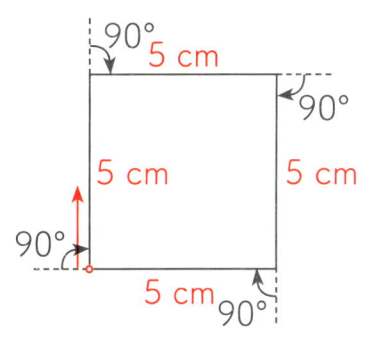

为什么形成正三角形的时候要转120°，而形成正方形的时候只需要转90°呢？

我们将每次转的角称为转角。因为转角的大小和多边形内角的大小有关，内角和转角相加是一个平角，也就是180°，即内角＋转角＝平角（180°）。

我发现，形成正三角形的时候转3次是因为三角形有3个内角，形成正方形的时候转4次是因为正方形有4个内角，转的次数和内角个数有非常大的关系呢！

我还发现，虽然每次转角的大小和转的次数不同，但是转角之和都是一样的。
正三角形转角之和：120°＋120°＋120°＝360°；
正方形转角之和：90°＋90°＋90°＋90°＝360°。

它们的转角之和都是360°。

正三角形和正方形的转角和都是360°，那么正五边形和正六边形呢？你觉得会是多少？

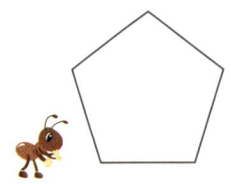 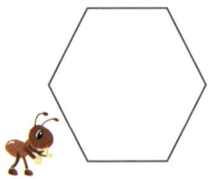

正五边形和正六边形的转角和应该也是360°。

一起来验证一下吧。

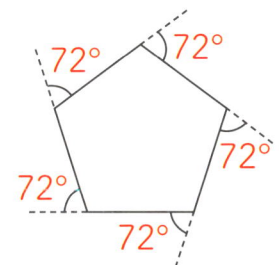
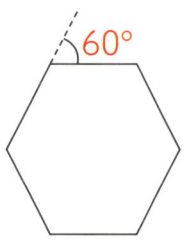

正五边形转角和：
72°×5＝360°。

正六边形转角和：
60°×6＝360°。

它们的转角和为什么都是 360° 呢？

一个转角跟与它相邻的一个内角加起来是 180°，那么正 n 边形所有的内角与转角加起来就是 n 个 180°。以正方形为例，正方形有 4 个角，所有的内角与转角加起来就是 4 个 180°，就是 720°。正方形的内角和是 2 个 180°，就是 360°，转角和＝720°－360°＝360°。那如果不是正多边形呢？

正多边形是比较特殊的多边形，转角和都是 360°。如果是一个普通的四边形呢？你觉得它的转角和会是多少？

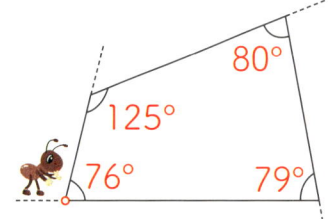

编者按：本文所涉多边形，若无特殊说明，指的皆是凸多边形。

我的计算方法是：
180°－125°＝55°，180°－80°＝100°，
180°－79°＝101°，180°－76°＝104°。
55°＋100°＋101°＋104°＝360°，也是 360°。

我的方法和你的不一样。我是这样算的：
4×180°－（125°＋80°＋79°＋76°）＝360°。

4×180° 表示有 4 个平角，平角总和－内角和＝转角和。哇，侨侨你的方法很棒！

那我们一起用侨侨的方法来验证一下吧！四边形内、外角的总和是 4 个 180°，减掉四边形内角和（2 个 180°）就是转角和，也就是 2 个 180°。
即内、外角总和－内角和＝外角和。
列算式：4×180°－2×180°＝360°。

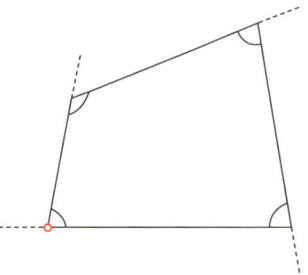

内角和＝180°×2
　　　＝360°

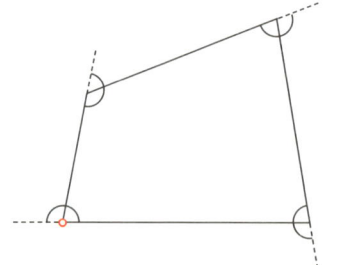

内、外角总和＝180°×4
　　　　　　＝720°

  前面总结的算法是不是适用于所有的凸多边形呢？一起来看看。

动手操作

试着用"内、外角总和－内角和＝外角和"来研究其他凸多边形，并完成表格。

图形	内、外角总和	内角和	外角和
三角形			
四边形	4×180°	2×180°	4×180°－2×180°＝360°
五边形			
六边形			
n 边形			

太简单啦！任意凸多边形，内、外角总和＝边数×180°，减去内角和〔内角和＝（边数－2）×180°〕，等于外角和，也就是 2 个 180°。用字母表示为：外角和＝n×180°－（n－2）×180°＝360°。这一结论仅限于凸多边形哦！

我来填一填。

图形	内、外角总和	内角和	外角和
三角形	3×180°	180°	3×180°−180°=360°
四边形	4×180°	2×180°	4×180°−2×180°=360°
五边形	5×180°	3×180°	5×180°−3×180°=360°
六边形	6×180°	4×180°	6×180°−4×180°=360°
n 边形	n×180°	$(n−2)$×180°	n×180°−$(n−2)$×180°=360°

  本文开篇的问题现在你会解决了吗？你能算出 x 等于几吗？

一只蚂蚁从下往上爬行 x 厘米以后向右转弯 30°，再向前爬行 x 厘米后向右转弯 30°……这样爬下去最后回到出发点（蚂蚁要右转同样角度回到原始状态），一共爬了 240 厘米。问蚂蚁爬行的路线是个什么图形？x 等于几？

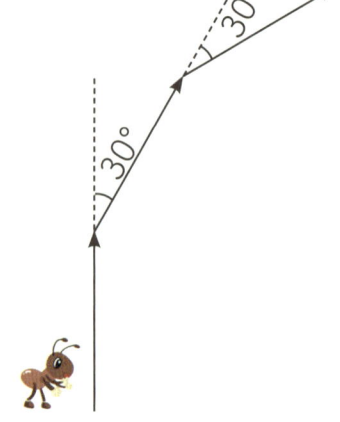

12 有趣的相遇问题

数学真奇妙

同学们，今天我们来研究一下有趣的相遇问题。

读一读

我国著名的数学家苏步青有一次在德国访问，一位有名的德国数学家在电车上给他出了一道题：甲、乙两人分别从东、西两地同时出发，相向而行。两地相距100千米，甲每小时走6千米，乙每小时走4千米。如果甲带着一只狗，两者同时出发，狗以每小时10千米的速度向乙奔去，遇到乙后立即回头向甲奔去，遇到甲后又回头向乙奔去……直到甲、乙两人相遇时，狗才停下。这只狗共跑了多少千米？

一起来交流

我来试试。甲每小时走6千米，乙每小时走4千米，狗每小时跑10千米，狗和甲同时出发，狗第一次遇到乙需要$100÷(10+4)=7\frac{1}{7}$（小时）；然后狗再掉头和甲相遇，那还要求出此时甲、乙相距多少千米，再求出相遇时间；接着再去算狗掉头后与乙的第二次相遇……一直这样算下去，太复杂了。

是的,这样解太复杂了。有没有其他办法呢?

动手来探究  还有没有更好的办法呢?我们一起来探究一下。

一起来交流

可以先画图,看看他们之间有什么关系。

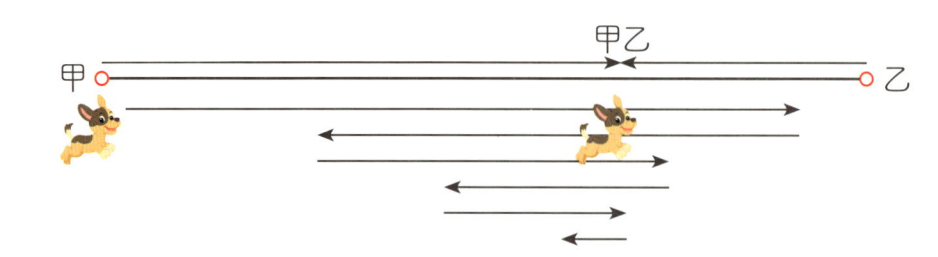

狗一直在中间跑来跑去,每次都要算它跑的路程和时间,太复杂了。

我们换一种思路：要解决狗跑了多少千米，需要知道狗的速度和跑的时间，速度已知，关键是狗跑的时间，那么它是什么时候开始跑的，什么时候停下的？

狗是同甲、乙两人同时出发的，虽然中间不停地折返跑，但当甲、乙相遇时，它就会停下。

对哦，甲、乙相遇的时间就是狗跑的时间。那只要算出甲、乙相遇需要多少时间，就知道狗跑的时间，也就能算出狗跑的路程了。我们一起来算一算吧。
100÷(6＋4)＝10(小时)，10×10＝100(千米)。
狗正好跑了100千米。

这个方法太好了，不用再绕来绕去。找到甲、乙相遇的时间，也就找到狗跑的时间了，他们时间相同。苏步青老先生是怎么算的呢？

跟你们的方法一样哦，你们太厉害了！

神奇大揭秘

 同学们，通过前面的交流，你们找到解题方法了吗？一起来看看。

动手操作

　　甲、乙两车同时从 A、B 两地相对出发，两地相距 480 千米。甲车每小时行驶 35 千米，乙车每小时行驶 45 千米，一只燕子以每小时 50 千米的速度和甲车同时出发向乙车飞去，遇到乙车后立即折回向甲车飞去，遇到甲车又折回飞向乙车……直到两车相遇。两车相遇时燕子飞了多少千米？

一起来交流

 这里的燕子相当于刚才的狗，甲、乙两车相当于刚才的甲、乙两人。要解决两车相遇时燕子飞了多少千米的问题，就要先解决燕子飞行时间的问题。

燕子是和甲、乙两车同时出发的，且一直飞，直到两车相遇，因此燕子飞行的时间就是甲、乙两车从出发到相遇的时间，即 480÷（35＋45）＝6（小时），燕子飞过的路程为 50×6＝300（千米）。

我发现，不管是两人相遇还是两车相遇，狗和燕子扮演的角色都是一样的，而且这些动物在相应过程中所用的时间都可以转化成两人或两车相遇的时间，有了时间和速度就能计算出它们奔跑或飞行的路程了。

  同学们，前面讲的方法你们都掌握了吗？我来考考你们。

小新和小刚各骑一辆自行车从相距 32 千米的两个地方沿直线相向而行，在他们同时出发的那一瞬间，停在一辆自行车把上的一只小鸟开始向另一辆自行车径直飞去，它一到达另一辆自行车的车把处，就立即转向往回飞行……这只小鸟在两辆自行车的车把之间来回飞行，直到小新和小刚相遇。

如果小新每小时行驶17千米,小刚每小时行驶15千米,小鸟每小时飞行24千米,那么小鸟总共飞行了多少千米?

智慧小链接  同学们,你们知道苏步青爷爷吗?他可厉害了!

苏步青(1902—2003),浙江温州平阳人,祖籍福建省泉州市,中国科学院院士,中国著名的数学家、教育家,中国微分几何学派创始人,被誉为"东方国度上灿烂的数学明星""东方第一几何学家""数学之王"。

苏步青爷爷主要从事微分几何学和计算几何学等方面的研究,在仿射微分几何学和射影微分几何学研究方面取得了出色成果;在一般空间微分几何学、高维空间共轭理论、几何外形设计、计算机辅助几何设计等方面也做出了突出成就。

13 怎么拆积最大

 **数学真奇妙** 小羊想在草坪上给自己围个羊圈,我们来帮帮它吧!

 读一读

小羊准备在草坪上给自己围一个长方形羊圈。栅栏材料只有28米,它却想围出尽可能大的羊圈(边长取整米数),你有什么好办法吗?

 一起来交流

 周长是28米,那么长+宽=14米。用列表的方法,就可以把所有的情况列出来。

	长(米)	宽(米)	面积(平方米)
长+宽=14米	13	1	13×1=13
	12	2	12×2=24
	11	3	11×3=33
	10	4	10×4=40
	9	5	9×5=45
	8	6	8×6=48
	7	7	7×7=49

我发现，周长是 28 米，围成正方形（长＝宽，即两个乘数相同）时，面积（积）最大。

把 14 拆分成两个数，我发现两个数越接近，两数之积越大。

如果将 14 拆分成若干个数，那么怎么拆，这些数的乘积最大？有没有可能比 7×7 的积还大？

呀，那拆分情况可太多了！
如 14＝1＋1＋1＋1＋1＋1＋1＋1＋1＋1＋1＋1＋1＋1，1×1×1×1×1×1×1×1×1×1×1×1×1×1＝1；
再如 14＝2＋2＋2＋2＋2＋2＋2，2×2×2×2×2×2×2＝128。这样拆比 7×7 的积大哦！
除了将 14 拆分成几个相同的数，还可以拆成不相同的数，太多了！

我国古代有位智者老子曾说过这样一句话："天下难事，必作于易。"我们可以化繁为简，从比较小的数开始研究，看看能不能找到一些启发。

13. 怎么拆积最大

那我们就化繁为简,从比较小的数开始,一起来探究。

动手操作

先将不同的数拆分成几个数的和,再算出这几个数的乘积,最后找出乘积最大的情况。你有什么新发现?

数	不同的拆分方法	拆分后各数的乘积	乘积最大的情况
2	2=1+1	1×1=1	1×1=1
3			
4			
5			

一起来交流

我先填一填。

数	不同的拆分方法	拆分后各数的乘积	乘积最大的情况
2	2=1+1	1×1=1	1×1=1
3	3=1+1+1	1×1×1=1	1×2=2
3	3=1+2	1×2=2	1×2=2
4	4=1+1+1+1	1×1×1×1=1	2×2=4
4	4=1+1+2	1×1×2=2	2×2=4
4	4=1+3	1×3=3	2×2=4
4	4=2+2	2×2=4	2×2=4
5	5=1+1+1+1+1	1×1×1×1×1=1	2×3=6
5	5=1+1+1+2	1×1×1×2=2	2×3=6
5	5=1+2+2	1×2×2=4	2×3=6
5	5=1+4	1×4=4	2×3=6
5	5=2+3	2×3=6	2×3=6

我发现，把2和3拆分后算出的积比它们自身还小，4拆分后乘积最大的和它自身一样大，5拆分后乘积最大的倒是比5大了。

我觉得拆分后的数字中不能出现"1"，因为在乘法中，乘1后乘积是不变的，这样总数白白少了1。

如果想要找到规律,那么我们得继续找一些数进行拆分、计算,一起来试一试。

观察数字 6 的拆分情况,你有什么新发现?

数	拆分情况	拆分后各数的乘积	乘积最大的情况
6	6=2+2+2	2×2×2=8	3×3=9
	6=2+4	2×4=8	
	6=3+3	3×3=9	

 为什么只有这几种情况?

把数拆分成 1+( ),积就是 1×( ),不会变大,因此尽可能不要拆分出 1,一般可以从 2 开始研究。

 从 6 的拆分情况可以看出,6 拆分成 3+3 时,乘积最大:3×3=9。

我们来看看数字 7 的拆分情况。

数	拆分情况	拆分后各数的乘积	乘积最大的情况
7	7=2+2+3	2×2×3=12	2×2×3=12 3×4=12
	7=3+4	3×4=12	
	7=2+5	2×5=10	

从上表可以看出，7拆分成2+2+3（或3+4）时，乘积最大，为12。

我们再来看看数字8、9、10的拆分情况。

数	拆分情况	拆分后各数的乘积	乘积最大的情况
8	8=2+6	2×6=12	3×3×2=18
	8=3+5	3×5=15	
	8=4+4	4×4=16	
	8=2+2+2+2	2×2×2×2=16	
	8=2+2+4	2×2×4=16	
	8=3+3+2	3×3×2=18	

13. 怎么拆积最大

数	拆分情况	拆分后各数的乘积	乘积最大的情况
9	9＝2＋7	2×7＝14	3×3×3＝27
	9＝3＋6	3×6＝18	
	9＝4＋5	4×5＝20	
	9＝3＋3＋3	3×3×3＝27	
	9＝2＋4＋3	2×4×3＝24	
	9＝2＋2＋2＋3	2×2×2×3＝24	
	9＝2＋2＋5	2×2×5＝20	

数	拆分情况	拆分后各数的乘积	乘积最大的情况
10	10＝2＋8	2×8＝16	3×3×4＝36 3×3×2×2＝36
	10＝3＋7	3×7＝21	
	10＝4＋6	4×6＝24	
	10＝5＋5	5×5＝25	
	10＝2＋2＋2＋2＋2	2×2×2×2×2＝32	
	10＝2＋2＋2＋4	2×2×2×4＝32	
	10＝2＋2＋6	2×2×6＝24	
	10＝4＋4＋2	4×4×2＝32	
	10＝3＋3＋4	3×3×4＝36	
	10＝5＋3＋2	5×3×2＝30	
	10＝3＋3＋2＋2	3×3×2×2＝36	

神奇大揭秘  同学们，通过前面的交流，你们发现了什么？来看看吧。

 我先列出数字 6~10 拆分后乘积最大的情况。

数	乘积最大的情况
6	3×3=9
7	2×2×3=12 3×4=12
8	3×3×2=18
9	3×3×3=27
10	3×3×4=36 3×3×2×2=36

哦，我明白了，都是拆成 2 或者 3，乘积最大。

 那么是拆成 3 乘积最大的情况更多，还是拆成 2 的更多？

我们来观察刚才拆分的数字 6。因为 2×2×2＝2×4，所以 6 相当于有两种拆分方法：2＋2＋2＝6，3＋3＝6。3×3＞2×2×2。看来，要把数拆成 3 的和，这样乘积才会尽可能大。

13. 怎么拆积最大

哦，我明白了，应该是拆成的3越多乘积越大。比如8拆成2＋2＋2＋2，4个2的积只有16，拆成3＋3＋2，积为18，还是3多的积更大。其他数的拆分也是这样。

是的，其实除了数字2、3、4，其他的数要尽可能拆成3和2，而且拆成的3越多积越大。我们一开始研究的数字14，怎么拆积最大，现在你有办法了吗？

14＝3＋3＋3＋3＋2，这几个数的乘积应该最大，即3×3×3×3×2＝162。同学们，你们学会了吗？

怎么拆积最大的研究，给我们什么启发？

启发：当遇到不会的题目时，可以化繁为简，从小一点的数开始研究，把研究过程中的最佳情况罗列出来，进行比较，从中找出规律，然后解决问题。

  同学们，前面讲的方法你们都掌握了吗？我来考考你们。

把18拆分成几个数，使它们的乘积最大。

14 楼梯中的数学问题

扫码听讲解

数学真奇妙  同学们,我们每天都在爬楼梯,那爬楼梯的过程中有什么数学问题呢?

 数一数,楼梯有几级?想一想,可以怎么走?

有一段楼梯有 11 级台阶,规定每一步只能走 1 级或 2 级,要登上 11 级台阶有几种不同的走法?

走 1 级

走 2 级

 可以 1 级 1 级地走,也可以 2 级 2 级地走,还可以 1 级和 2 级混合着走,走法太多了。

我们可以从简单的级数开始研究,看看能不能得到一些启发。

14. 楼梯中的数学问题

  我们先从2级台阶开始,一起来探究一下。

动手操作

2级台阶怎么走?先画一画,再记一记。(规定每一步只能走1级或2级,下同)

一起来交流

 我先来画一画。有2种方法:1级1级地走和一步走2级。

我来记一记。1级1级地走,记为(1,1);一步走2级,记为(2)。

华华的这种记录方法很不错!那3级台阶可以怎么走呢?

可以1级1级地走,记为(1,1,1);也可以先走1级,再走2级,记为(1,2);还可以先走2级,再走1级,记为(2,1)。一共有3种方法。

4级台阶有几种走法?你能按照华华的方法全部记录下来吗?

1级1级地走:

有一步走2级：

2级2级地走：

因此4级台阶有5种走法，1级1级地走可以记为（1，1，1，1）；有一步走2级可以记为（2，1，1）、（1，2，1）、（1，1，2）；2级2级地走可以记为（2，2）。

 现在你能没有遗漏地写出5级台阶的走法吗？

第一类：1级1级地走。可以记为（1，1，1，1，1）。

第二类：有一步走2级。可以记为（2，1，1，1）、（1，2，1，1）、（1，1，2，1）、（1，1，1，2）。

第三类：有两步走2级。可以记为（2，2，1）、（2，1，2）、（1，2，2）。

因此一共有8种走法。

接下来一起来看一看6级台阶有几种不同走法。

第一类：1级1级地走。可以记为（1，1，1，1，1，1）。

第二类：有一步走2级。可以记为（2，1，1，1，1）、（1，2，1，1，1）、（1，1，2，1，1）、（1，1，1，2，1）、（1，1，1，1，2）。

第三类：有两步走2级。可以记为（2，2，1，1）、（2，1，2，1）、（2，1，1，2）、（1，2，2，1）、（1，2，1，2）、（1，1，2，2）。

第四类：2级2级地走。可以记为（2，2，2）。

因此一共有13种走法。

把刚才的研究结果整理成表格，你有什么发现？

楼梯级数（级）	1	2	3	4	5	6
走法种数（种）	1	2	3	5	8	13

我发现，从3级台阶开始，其走法种数都是前两种级数走法种数之和。比如：3级台阶的走法种数3＝1＋2，5级台阶的走法种数8＝3＋5，……

  现在你知道 11 级台阶有几种走法了吗？请在下面的表格中填一填。

动手操作

依据前面的研究结果，算一算，填一填。

楼梯级数（级）	1	2	3	4	5	6	7	8	9	10	11
走法种数（种）	1	2	3	5	8	13					

一起来交流

 我知道，照着前面的规律继续算下去就好。11 级台阶应该有 144 种走法。

这个答案正确吗？如果正确，为什么会存在这样的规律呢？

 我们可以倒着想，如果要走到第 6 级台阶，那么它的前一步可以走到哪里？

哦，我明白了。走到第 4 级再走 2 级可以走到第 6 级台阶，走到第 5 级再走 1 级也能走到第 6 级台阶。因此 6 级台阶的走法就是把 4、5 两种级数的走法加起来，共有 5＋8＝13（种）。

因此走到第 11 级台阶的情况也有两种：一种是从第 9 级台阶出发，一种是从第 10 级台阶出发，那么 11 级台阶的走法共有 55＋89＝144（种）。

知识我会用  同学们，前面讲的方法你们都学会了吗？我来考考你们。

　　有一对刚出生的兔子，一雌一雄，若它们第二个月成年，第三个月生下一对小兔，以后每月生产一对小兔，而所生的小兔亦在第二个月成年，第三个月生产另一对小兔，以后亦每月生产小兔一对。假定生产的一对小兔必为一雌一雄，且均无死亡，试问一年后共有几对兔子？

智慧小链接

同学们，你们知道斐波那契数列吗？来看看吧。

爬楼梯问题中得到的这串数（1，2，3，5，8，13，…）被数学界称为斐波那契数列。这个数列是意大利数学家斐波那契在研究兔子繁殖问题时得到的。

有人说，大自然是懂数学的。一些植物的花瓣、萼片、果实的数目以及排列方式，都是非常符合斐波那契数列的。比如向日葵的花盘中有2组螺旋线，一组顺时针方向盘绕，另一组则逆时针方向盘绕，并且彼此相嵌。

虽然不同的向日葵品种中，这些顺逆螺旋的数目并不固定，但往往不会超出34和55、55和89或者89和144这三组数字，这每组数字都是斐波那契数列中相邻的两个数，很有趣吧！这样排列的目的，是为了使植物最充分地利用阳光和空气，繁育更多的后代。

斐波那契数列在自然界还有许多呈现，如树木的生长。由于新生的枝条往往需要一段"休息"时间，然后才能萌发新枝。因此，一株树苗在一段间隔以后长出一条新枝；第二年新枝"休息"，老枝依旧萌发；此后，老枝与"休息"过一年的枝同时萌发，当年生的新枝则次年"休息"。这样，一株树木各个年份的枝桠数，便构成斐波那契数列。这个规律，就是生物学上著名的"鲁德维格定律"。

15 图形的密铺问题

数学真奇妙  同学们，下面的图案好漂亮啊！观察这些图案，你有什么发现？

 这些图案都是由很多图形拼接而成的，就像是铺地砖。

这些图形分别拼在一起，既不重叠，又没有空隙，这种拼法就叫作密铺。那什么是密铺呢？

　　密铺，就是指任何一种图形，如果能既无空隙又不重叠地铺在平面上，这种铺法就叫作密铺。可以进行密铺的图形称为密铺图形。用形状、大小完全相同的平面图形进行拼接，彼此之间不留空隙、不重叠地铺成一片，这就是平面图形的密铺，又称作平面图形的镶嵌。

  那什么样的平面图形能密铺呢?我们一起来探究。

动手操作

发挥你们的想象力,猜一猜哪些图形可以密铺?试着画一画吧!

一起来交流

 我发现,    都能密铺!

我觉得还有好多图形也可以密铺,如三角形、四边形、五边形……

 你们说得对不对呢?我们从下图中选择几种图形进行拼摆实验来验证一下。

15. 图形的密铺问题

 我发现有的图形不能密铺。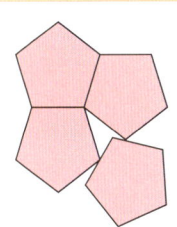

是啊，有些图形可以密铺，有些不可以。那么图形能够密铺的原因到底是什么呢？我们赶紧研究一下吧！

神奇大揭秘

图形的密铺和什么有关系呢？我们一起来看看。

一起来交流

 我们先从三角形开始研究，正三角形一定可以密铺。每个角60°，6个角360°，这个我们已经实践过了。一般三角形也能密铺吗？我们可以剪一些完全一样的三角形拼一拼。

我给三角形的各个角标上序号再拼。我发现拼接的秘密了！6个这样的三角形正好可以密铺，因为∠1+∠2+∠3=180°（三角形的内角和），2组正好可以拼成360°。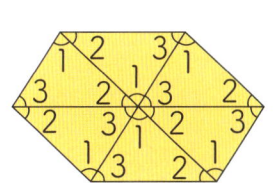

 那四边形呢？所有四边形都能密铺吗？先拼一拼，再算一算。

我也给四边形的各个角标上序号。我发现四边形拼接点处的4个角正好可以拼成1个周角。四边形可以密铺。

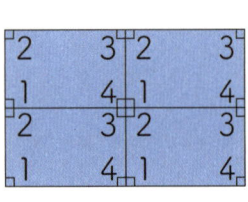 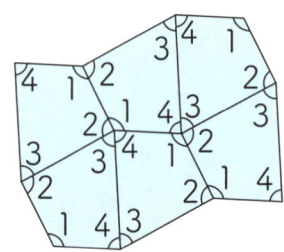 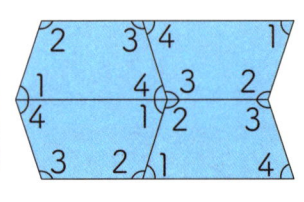

 哦，我知道了。正五边形的3个角拼起来比360°小，4个角又比360°大，因此不能密铺。正六边形每个角120°，3个角正好360°，因此能密铺。

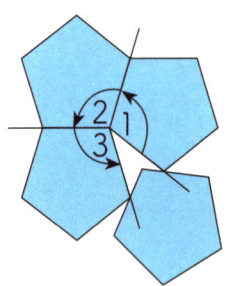 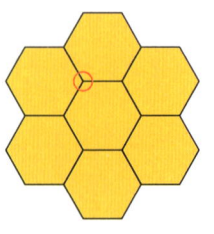

我发现，图形能否密铺和图形的角有关系，当拼接点处的几个角的和为360°时，就能密铺。

前面我们研究的都是一种图形的密铺,那两种或两种以上的图形可以密铺吗?

当然可以!看,下面这些都是用多种平面图形拼成的。

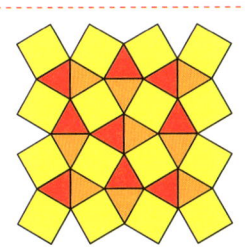 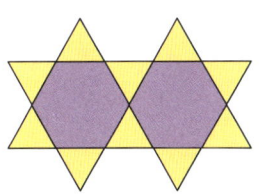 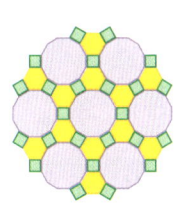

  同学们,前面讲的你们都掌握了吗?我来考考你们。

请你用平面图形设计一个美丽的密铺图案,可以用一种图形密铺,也可以用两种或两种以上的图形密铺。

智慧小链接

同学们，下面我们来了解一下平面图形密铺的历史吧。

1619年，数学家奇柏第一个利用正多边形铺嵌平面。

1891年，苏联物理学家弗德洛夫发现了17种不同的铺嵌平面的对称图案。

1924年，数学家波利亚和尼格利重新发现了这个事实。

最富有趣味的是荷兰艺术家埃舍尔，他到西班牙旅游时，对阿尔罕布拉宫的建筑花纹很着迷。阿尔罕布拉宫是一座13世纪建造的皇宫建筑物，其墙身、地板和天花板由摩尔人建造，铺了种类繁多、美轮美奂的马赛克图案。埃舍尔用数日复制了这些图案，并得到启发，创造出了各种并不局限于几何图形的密铺图案。他创造的艺术作品，结合了数学与艺术，不仅给人们留下了深刻的印象，更让人们对数学产生了新的兴趣。

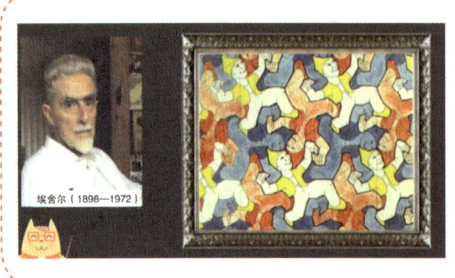
埃舍尔（1898—1972）

16 神奇的"缺8数"

数学真奇妙　同学们,你们知道神奇的"缺8数"吗?一起来了解一下吧。

"缺8数",指在自然数 12345679 中没有8,因此被称为"缺8数"。它有很多奇妙的性质哦!

"缺8数"到底有什么神奇的地方呢?

菲律宾前总统马科斯喜欢数字7,不喜欢数字8。于是有人对他说:"总统先生,你不是喜欢7吗?拿出你的计算器,我送你一串7。"接着,这人就用"缺8数"乘63,顿时,777777777 映入了马科斯先生的眼帘。

$$12345679 \times 63 = 777777777$$

"缺8数"乘别的数,积也会这么奇妙吗?让我们从最小的乘数开始试试看。

动手来探究 同学们,"缺8数"到底神奇在哪里呢?我们一起来探究。

动手操作

观察下面这些算式,你有什么发现?

12345679×1=12345679　　12345679×6=74074074

12345679×2=24691358　　12345679×7=86419753

12345679×3=37037037　　12345679×8=98765432

12345679×4=49382716　　12345679×9=111111111

12345679×5=61728395

一起来交流

我发现,"缺8数"乘3、乘6、乘9的积很有特点。乘3、乘6的积分别是37、74这样在重复,乘9的积的各个数位上都是1。

6是3的两倍,根据积的变化规律,一个因数不变,另一个因数乘2,积也会乘2。因此12345679×6就是12345679×3×2=37037037×2=74074074。

那 12345679×9 积的各个数位上都是 1，也可以解释了。12345679×9＝12345679×3×3＝37037037×3，37×3 刚好是 111，这里有三个 37×3，就是三个 111，最后就是九个 1，就是 111111111。

那"缺 8 数"乘其他 3 的倍数，你能快速写出答案吗？

12345679×12＝　　　　12345679×18＝

"缺 8 数"乘 3 的倍数，只要根据积的变化规律，用"缺 8 数"乘 3 的积再去乘相应的数就可以了。比如 12345679×12，可以看成 12345679×3×4，积就是 37037037×4＝148148148；再如 12345679×18，可以看成 12345679×3×6，积就是 37037037×6＝222222222。

"缺 8 数"乘 3 的倍数，乘积都是三个数的重复，称为"三位一体数"。即：缺 8 数 ×3 的倍数（1～27 倍）＝三位一体数。

刚才我们在计算"缺 8 数"乘 3 的倍数的时候，发现有两个积比较特殊。
12345679×9＝111111111
12345679×18＝222222222
那会不会存在"缺 8 数"乘一个数的积是 333333333 呢？

这两道算式也可以用积的变化规律来解释。18是9的两倍，因此积是111111111的两倍，就是222222222。根据积的变化规律，333333333是111111111的三倍，那么12345679×9×3就可以得到这个答案，也就是12345679×27=333333333。我们用计算器验证一下，发现是正确的。

9、18和27都是9的倍数，那"缺8数"继续乘9的倍数，积也都是由同一个数字组成的吗？我们来试一试。

神奇大揭秘  同学们，通过前面的探究，你们发现了什么？来看看吧。

动手操作

先算一算，再写一写，然后观察这些算式，你发现了什么？

12345679×9=111111111　　12345679×36=

12345679×18=　　　　　　12345679×45=

12345679×27=　　　　　　12345679×54=

一起来交流

因为 12345679×9＝111111111，根据积的变化规律，"缺8数"乘其他9的倍数，积就是 111111111 的倍数，所以：
12345679×9＝111111111，
12345679×18＝222222222，
12345679×27＝333333333，
12345679×36＝444444444，
12345679×45＝555555555，
12345679×54＝666666666。
我们现在可以解释本文刚开始提到的菲律宾前总统的故事了：
12345679×63＝12345679×9×7＝111111111×7＝777777777。

我们把像 111111111、222222222 这样的都由一个数字组成的大数叫作"清一色数"。缺8数×9的倍数（1~9倍）＝清一色数。
那么"缺8数"乘超过81的9的倍数（比如90，99）又会有什么规律呢？观察下面的算式，说说你的发现。

12345679×9×10=1111111110
12345679×9×11=1222222221
12345679×9×12=1333333332
12345679×9×13=1444444443
12345679×9×14=1555555554

我发现,"缺8数"乘超过81的9的倍数,积也挺有规律的,中间的数字都一样,头和尾的数字相加就是中间这个数字了。

我还发现,缺8数×9×12,积的中间是3,缺8数×9×13,积的中间是4,以此类推,积的中间的数字,都比相应算式中第三个因数的个位数字大1。

我们回到刚才"缺8数×1~9"的运算中,去掉×3、×6、×9的算式,你又有什么发现呢?

12345679	×	1	=	12345679
12345679	×	2	=	24691358
12345679	×	4	=	49382716
12345679	×	5	=	61728395
12345679	×	7	=	86419753
12345679	×	8	=	98765432

我发现,"缺8数"乘2的时候答案没有7,乘4的时候答案没有5,乘5的时候答案没有4,乘7的时候答案没有2,乘8的时候答案没有1。

我还发现,"缺8数"乘的一位数和答案里缺的数字相加都是9。

我们再来试试"缺8数"乘10~20(3的倍数除外)之间的数。
12345679×10=123456790(缺8)
12345679×11=135802469(缺7)
12345679×13=160493827(缺5)
12345679×14=172839506(缺4)
12345679×16=197530864(缺2)
12345679×17=209876543(缺1)

我发现,这次缺少的数看起来比较有规律了,缺8、7、5、4、2、1。

我还发现,缺8数×11,答案缺7,1+1+7=9;缺8数×13,答案缺5,1+3+5=9,和刚才乘一位数的规律有点类似。

"缺8数"乘这些数，乘积的各个数位上的数字均无雷同，但都缺少1个数字，这样的数被称为"轮流休息数"。即：缺8数 × 不是3或9的倍数的数＝轮流休息数。

  同学们，前面讲的方法你们都学会了吗？我来考考你们。

❶ 根据 12345679×3=37037037，写出下面算式的答案。

12345679×15＝

12345679×21＝

12345679×30＝

❷ 根据下面的算式，按规律填一填。

$$12345679×9×10=1111111110$$
$$12345679×9×11=1222222221$$
$$12345679×9×12=1333333332$$
$$12345679×9×13=1444444443$$
$$12345679×9×14=1555555554$$

12345679×9×15＝1□□□□□□□□5

12345679×144＝1□□□□□□□□6

12345679×153＝□□□□□□□□□

智慧小链接 除了"缺8数",一定还有其他神奇的数,来看看吧。

数字黑洞495

从0、1、2、3、4、5、6、7、8、9中任意选择三个数字(不能全部相同,如111、222就不行),将用这三个数字组成的最大三位数与最小三位数相减,再用得到的三位数中的三个数字继续重复上面的步骤,几轮减下来最后得到的数字一定是495。

例如:532−235=297　　972−279=693
　　　963−369=594　　954−459=495

数字黑洞6174

从0、1、2、3、4、5、6、7、8、9中任意选择四个数字(不能全部相同,如1111、2222就不行),将用这四个数字组成的最大四位数与最小四位数相减,再用得到的四位数中的四个数字继续重复上面的步骤,几轮减下来最后得到的数字一定是6174。

例如:5553−3555=1998　　9981−1899=8082
　　　8820−0288=8532　　8532−2358=6174
　　　7641−1467=6174

你想知道我们的数字世界里还有哪些神奇的数吗?那就赶紧去查阅资料了解一下吧!

17 中国剩余定理

扫码听讲解

数学真奇妙　同学们，你们知道中国剩余定理吗？一起来看看。

在《孙子算经》中有这样一个问题："今有物不知其数，三三数之剩二，五五数之剩三，七七数之剩二，问物几何？"这个问题被称为"物不知数"问题，该问题的一般解法在国际上被称为"中国剩余定理"。

一起来交流

你能读懂"物不知数"这个问题吗？

"今有物不知其数"，就是有一些物品，不知道有多少个；"三三数之剩二"，就是3个3个地数，剩下2个，用式子表示即 □÷3＝□……2；"五五数之剩三"，即 □÷5＝□……3；"七七数之剩二"，即 □÷7＝□……2。

有3个不同的除数，余数也不相同，太难找了。

□÷3＝□……2，□÷5＝□……3，
□÷7＝□……2。
这三道算式中有两道余数相同，找起来会不会容易一些？

动手来探究  我们从中选择余数相同的那两道算式，一起来探究一下。

动手操作

如果一个自然数除以3余2，除以7也余2，那么符合条件的数有哪些？

一起来交流

我是这样想的：这个数除以3余2，除以7也余2，那就分别找出3的倍数再加2的数，和7的倍数再加2的数，将它们一一列出。

数字特征	符合条件的数
除以 3 余 2	5、8、11、14、17、20、23、26、29、32、35、38、41、44、…
除以 7 余 2	9、16、23、30、37、44、…

在表格中找到符合条件的最小的数是 23。我们也可以这样想，一个数除以 3 余 2，除以 7 也余 2，其实就是 3 和 7 的公倍数再加上 2，因此最小的数就是 $3×7+2=23$。

符合条件的第二个数是 44，与 23 相差 21，因此再接下去的数是 $44+21=65$，以此类推，每次加上 3 和 7 的最小公倍数就可以了。

你们真棒！那"物不知数"那道题，现在你们会解了吗？

我们在现在的基础上继续找符合 □÷5＝□……3 的数就可以解答了。

神奇大揭秘

 同学们,通过前面的交流,你们找到解题方法了吗?一起来看看。

动手操作

请在刚才研究的基础上找到符合除以 3 余 2、除以 7 余 2 和除以 5 余 3 的自然数。

一起来交流

 我们可以把刚才符合除以 3 余 2、除以 7 余 2 的自然数列出来,再把符合除以 5 余 3 的自然数列出来,这样就可以找到同时满足这些条件的自然数了。

数字特征	符合条件的数
除以 3 余 2,且除以 7 余 2	23、44、65、86、107、128、…
除以 5 余 3	8、13、18、23、28、33、38、43、48、53、58、63、68、73、78、83、88、93、98、103、108、113、118、123、128、…

我们也可以直接在刚才找出的数中寻找除以5余3的自然数。

数字特征	符合条件的数
除以3余2，且除以7余2	23、44、65、86、107、128、…

同时符合三个条件的最小的数是23。后面的数需要一个一个地找吗？有没有捷径呢？

下一个符合条件的数是128，128－23＝105，105＝3×7×5。我知道了，符合条件的下一个数只要在前一个符合条件的数的基础上加上它们的最小公倍数105就可以了。

要寻找满足三个条件的数，我们可以先寻找满足其中两个条件的数，在此基础上，再寻找满足第三个条件的数。这样的方法叫作"逐步满足法"。其实我们在寻找两个数的公倍数时，也用过类似的方法。

知识我会用  同学们，解此类题的方法你们掌握了吗？我来考考你们。

❶ 一盒围棋子，3颗3颗地数多2颗，5颗5颗地数多4颗，7颗7颗地数多6颗，若此盒围棋子的个数在200～300之间，问有多少颗围棋子？

❷ 一盒围棋子，3颗3颗地数多1颗，5颗5颗地数多1颗，7颗7颗地数多5颗，若此盒围棋子的个数在200～300之间，问有多少颗围棋子？

我们需要先把文字信息整理一下。可以用列表法解决。你们还有其他办法吗？

> **智慧小链接**  同学们，我们来看看古人是如何解决"物不知数"这道题的。

明代著名数学家程大位在他的著作《算法统宗》中，给解决"物不知数"这类问题的一般方法编出了四句歌诀，名曰《孙子歌》：

三人同行七十稀，
五树梅花廿一枝；
七子团圆正半月，
除百零五便得知。

"三人同行七十稀"，就是除以3所得的余数，要用"70"去乘它，即70×2；"五树梅花廿一枝"意为除以5所得的余数，要用"21"去乘它，即21×3；"七子团圆正半月"，"半月"就是一个月30天的一半，即15日，也就是说，除以7所得的余数，要用"15"去乘它，即15×2；"除百零五便得知"，就是把上面所乘得的三个数相加，加得的和如果大于105，便减去105，或者减去105的倍数，这样得出的差，便是所要求的这个最小的未知数了。最后一句中的"百零五"，就是3、5、7的最小公倍数。

写作现代数学式子，便是 $70×2+21×3+15×2-105n=233-105n$。取 $n=2$ 的时候，就是我们在前面所得到的最小值23。

这就是著名的"中国剩余定理"。

18 田忌赛马

数学真奇妙  大家都听过"田忌赛马"的故事吧,那你们知道最后谁赢了吗?

读一读

在战国时期的齐国,齐威王经常要田忌和他赛马。他们两个人的马都能分成上、中、下三等,规定每个人从自己的上、中、下三等马中各选一匹来比赛,采取三局两胜的规则,而齐威王每个等级的马都比田忌的马强一些,那么最后谁能获胜呢?

人物介绍

田忌,战国初期齐国名将,曾率兵先后在桂陵、马陵打败魏国军队,封于徐州(今山东滕县南),深受齐威王的信赖和喜爱。田忌和孙膑在军事上是合作伙伴,在生活上是好朋友。

孙膑，本名孙伯灵，战国时期的军事家，孙武的后代，著有《孙膑兵法》。孙膑曾与庞涓同窗，一起学习兵法。后来因庞涓迫害遭受酷刑，身体残疾。孙膑在齐国使者的帮助下投奔齐国，被齐威王任命为军师。孙膑辅佐齐国大将田忌两次击败庞涓，取得了桂陵之战和马陵之战的胜利，奠定了齐国的霸业。

齐威王，战国时期齐国的第四代国君。因善于纳谏用能、励志图强而名著史册。他在位期间，任用邹忌为相，田忌为将，孙膑为军师，进行政治改革。

田忌有没有可能赢呢？你们觉得有可能吗？

  同学们，让我们化身"小田忌"，一起来探究吧。

动手操作

已知齐威王各等级马的出场顺序，田忌要如何安排自己各等级马的出场顺序，才能获胜？

场次	齐威王	田忌	胜者
第一场	上等马		
第二场	中等马		
第三场	下等马		

18. 田忌赛马

一起来交流

这道题我会。第一场,齐威王出上等马,田忌出下等马,田忌输一场;第二场,齐威王出中等马,田忌出上等马,田忌赢一场;第三场,齐威王出下等马,田忌出中等马,田忌又赢一场。最后田忌以三局赢两局胜出。

那田忌是不是只有一种获胜方法呢?

为了便于研究,我们将齐威王的马的战斗力设为 10、8、5,田忌的马的战斗力设为 9、6、3。你能找出对战的所有可能性吗?田忌有几种获胜方法?

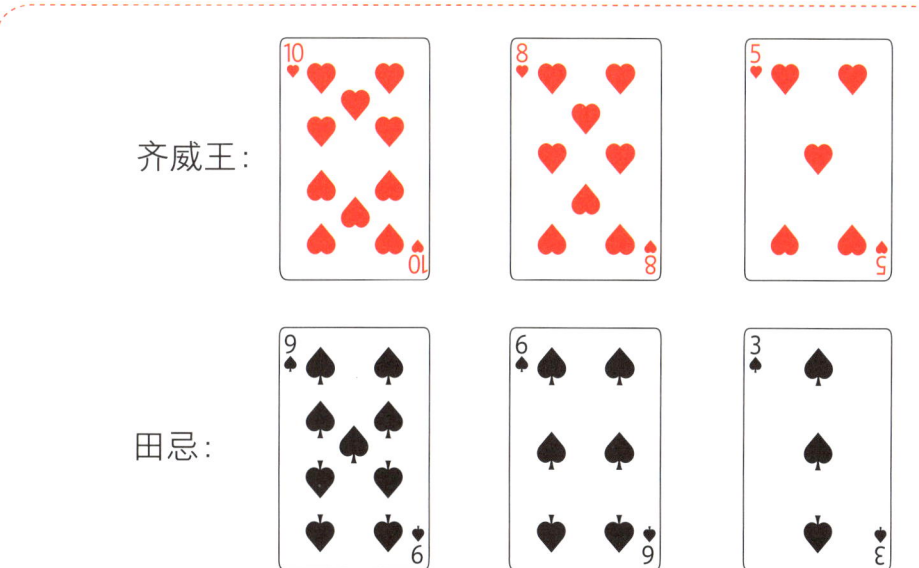

神奇大揭秘

 田忌到底有几种获胜方法呢？我们先来填一填。

动手操作

已知齐威王各等级马的出场顺序为 10、8、5，将田忌对战的所有可能情况填写在下面的表格中。

场次	第一场	第二场	第三场	获胜方
田忌1				
田忌2				
田忌3				
田忌4				
田忌5				
田忌6				

一起来交流

 我来填一填。

场次	第一场	第二场	第三场	获胜方
田忌1	9	6	3	齐威王
田忌2	9	3	6	齐威王
田忌3	6	9	3	齐威王
田忌4	6	3	9	齐威王
田忌5	3	6	9	齐威王
田忌6	3	9	6	田忌

18. 田忌赛马

我发现，田忌有机会获胜，但只有一次机会。

 如果齐威王的马的战斗力还是 10、8、5，田忌的马的战斗力变成 9、4、3，那么田忌还有可能获胜吗？

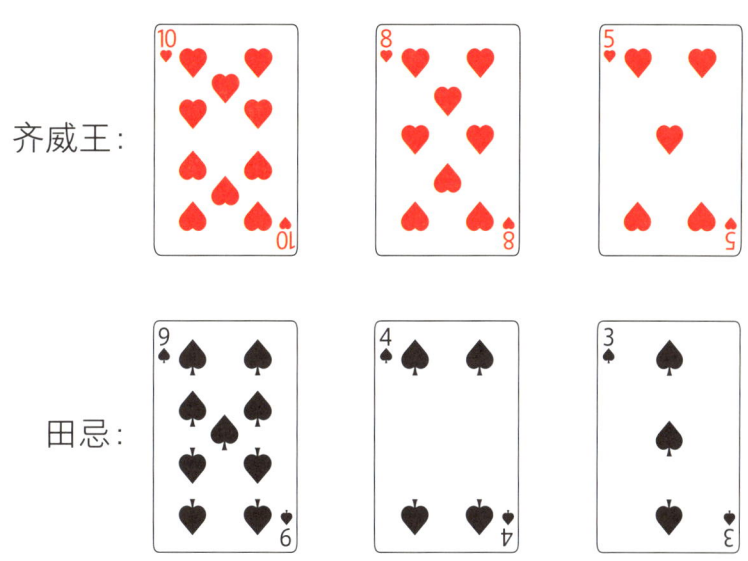

这次田忌有机会获胜吗？共有几次机会？

 同样都是上、中、下三种马对战，为什么这次田忌就不能获胜了呢？

实力悬殊太大了。田忌的三种马中，只有上等马有机会战胜齐威王的马，另外两种马都不能获胜，这种情况在三局两胜的比赛中是无论如何都赢不了的。

知识我会用

同学们，现在马的战斗力又变了，你们还会解答吗？

当齐威王的马的战斗力变为10、7、4时，田忌选择下列哪一组能有机会获胜？怎么操作才能获胜？为什么？

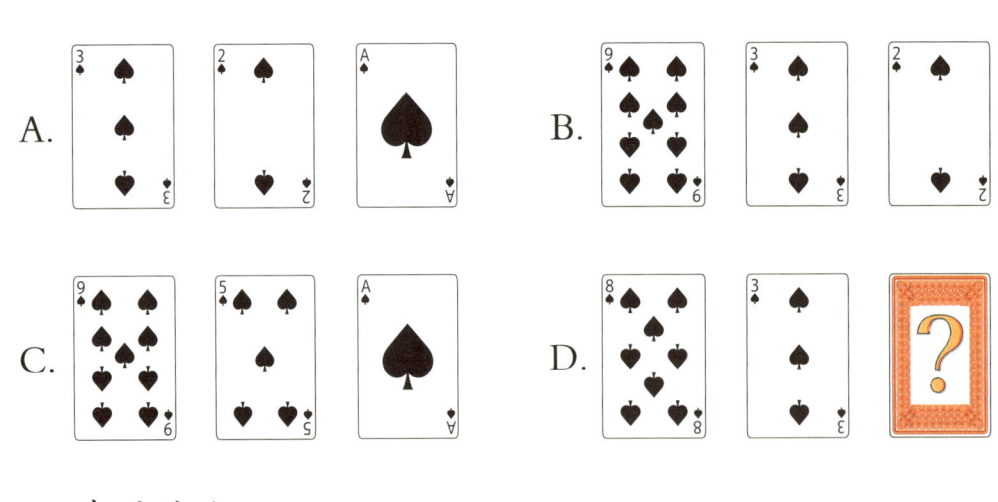

A. 3, 2, A

B. 9, 3, 2

C. 9, 5, A

D. 8, 3, ?

我的结论：

当田忌选A组时，结果：_____，因为

_____

当田忌选B组时，结果：_____，因为

_____

当田忌选C组时，结果：_____，因为
_____
当田忌选D组时，结果：_____，因为
_____

智慧小链接  同学们，我们来读一读"田忌赛马"的故事吧。

"田忌赛马"出自《史记·孙子吴起列传》，这是一个历史故事，讲的是中国历史上有名的揭示如何善用自己的长处去对付对手的短处，从而在竞技中获胜的故事。我们来看看吧。

孙膑是齐国大将田忌的门客，田忌对他非常赏识。

田忌经常同齐威王及贵族们赛马。孙膑看了几场比赛后发现，大家的马脚力相差不多，而且都能分成上、中、下三等。

一天，孙膑对田忌说："将军，我有个办法，保证能让您在赛马时获胜。"

田忌问道："你是说换几匹更好的马？"

孙膑说："一匹也不用换。"

田忌有些不明白："那怎么能有赢的把握呢？"

孙膑胸有成竹地说："将军请放心，按照我的主意办，一定能让您赢。"

田忌很信任孙膑，决定全听他的。

于是，他同齐威王及贵族们约好一起赛马。

田忌和齐威王的对阵就要开始了。比赛双方摩拳擦掌，跃跃欲试。观众们也兴致勃勃地猜测着比赛结果。就在这时，孙膑把田忌请到一边，悄悄地把办法告诉了他。

第一场，田忌先用下等马对齐威王的上等马，齐威王的马遥遥领先。田忌输了，但他不动声色，一点儿都不着急。

接着，第二场比赛开始了。田忌用上等马对齐威王的中等马，胜了第二场。田忌微微一笑。

第三场，田忌用中等马对齐威王的下等马，又胜了一场。田忌满意地笑了。

比赛结束了。田忌胜两场输一场，赢了齐威王。

齐威王好奇地问田忌："你这样安排马的出场顺序，是不是有人给你出谋划策了？"

田忌如实相告，引荐了孙膑。后来，齐威王任命孙膑为军师。

你们看，还是同样的马匹，只是调换了一下比赛的出场顺序，就得到转败为胜的结果。孙膑是不是很聪明啊！

19 九章算术——盈不足

扫码听讲解

数学真奇妙  同学们，今天我们来认识一本中国古代著名的数学著作《九章算术》。

读一读

《九章算术》是中国古代数学专著，是"算经十书"中最重要的一部。该书内容十分丰富，包含了算术、代数、几何等我国当时数学的全部内容，以解决应用问题为主，是我国古代机械化算法的代表。

《九章算术》流传至今已有2000多年，是我国古代数学发展史上的里程碑，被喻为世界数学史上的东方明珠。今天，我们就来研究《九章算术》中的"盈不足"问题。

动手操作

今有共买物，人出八，盈三；人出七，不足四。问人数、物价各几何？

一起来交流

这段话的意思是：有一些人去购买某物品，如果每人出 8 钱，多了 3 钱；如果每人出 7 钱，还差 4 钱。问：有多少人？物品的价格是多少？

这个问题好像无从下手，想知道物品的价格，肯定要知道有几个人，可是这两个信息都要我们解答。

动手来探究

这道题该如何解答呢？我们来探究一下。

一起来交流

我们先来分析一下已有的信息吧。第一次每人出了 8 钱，第二次每人出了 7 钱，出的钱数不一样，但是两次一起买东西的人数是相同的，物品的价格也没变。我们可以利用画图的方式把信息表达清楚。

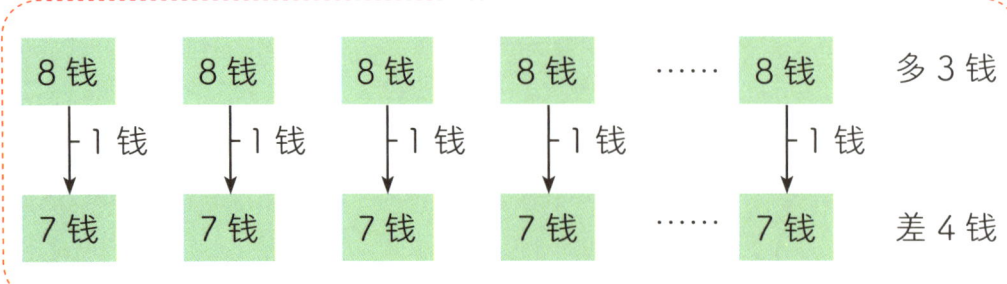

我知道了,由于人数是一样的,从每人出 8 钱变成每人出 7 钱,所以每人出的钱数相差了 1 钱。

每人少出 1 钱,最后总共出的钱数从多 3 钱变成差 4 钱,也就是两次出的总钱数差了 7 钱。

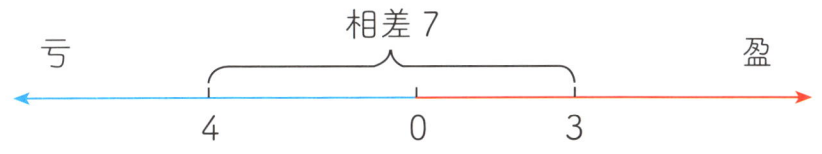

由于人数不变,所以可以用"总共相差的钱数 ÷ 每次相差的钱数"算出人数,(3+4)÷(8-7)=7(人)。那么物品的价格又该怎么算呢?

若用每人出 8 钱多了 3 钱算,那么物品的价格为:8×7-3=53(钱);若用每人出 7 钱还差 4 钱算,可以列式:7×7+4=53(钱)。

我们研究了有盈有亏的问题,那如果两次购买都是有盈余的呢?

神奇大揭秘

 根据前面的交流，你们找到解题方法了吗？来看看吧。

动手操作

今有共买金，人出四百，盈三千四百；人出三百，盈一百。问人数、金价各几何？

这段话的意思是：现在有几个人一起买金，每人出400钱，多了3400钱；每人出300钱，多了100钱。问：人数和金价各是多少？

一起来交流

 那可以先算出人数：（3400－100）÷（400－300）＝33（人）。金价：400×33－3400＝9800（钱），或300×33－100＝9800（钱）。

如果有一次购买的时候总钱数恰好够了呢？

动手操作

今有共买犬，人出五，不足九十；人出五十，适足。问人数、犬价各几何？

这段话的意思是：现有人一起买狗，每人出5钱，少了90钱；每人出50钱，刚好。问：有多少人？狗的价钱是多少？

一起来交流

每人出5钱变成每人出50钱后，总的钱数相差了90钱。

人数不变，人数为：90÷（50－5）＝2（人）；狗的价钱：2×5＋90＝100（元），或2×50＝100（元）。

这些题目的具体情况有些不一样，但是最后的解题方法有点类似。

是的。都是先找出两次总钱数的差，而这个差是由每人两次所出钱数的差造成的，因此用总钱数的差除以每人两次所出钱数的差就是人数。知道了人数，就可以根据题目信息算出物品的价格了。

知识我会用  同学们，前面讲的方法你们都学会了吗？我来考考你们。

❶ 学生发书。每人10本，则差90本；每人8本，则差8本。问：有多少学生？多少本书？

❷ 学校安排学生到会议室听报告。如果每3人坐一条长椅，那么剩下48人没有座位；若每5人坐一条长椅，则刚好空出两条长椅。问：听报告的学生有多少人？

20 "鸡兔同笼"再研究

扫码听讲解

数学真奇妙  同学们,你们知道下面的图中夫子说的这几句话是什么意思吗?

今有雉兔同笼,上有一十个头,下有三十二足,问雉兔各几何?

一起来交流

 我知道。意思是:笼子里有若干只鸡和兔,从上面数有10个头,从下面数有32只脚。问鸡和兔各有几只?

我来整理一下题中的信息。鸡有 2 只脚，兔有 4 只脚，笼子里的鸡和兔一共有 10 个头、32 只脚，鸡和兔各有几只呢？我感觉这道题有点难。

动手来探究  我们不妨先猜一猜，再用不同的方法验证一下。

动手操作

如果  用 Y 表示，  用 ⋎ 表示。你能把你猜的情况画下来吗？

一起来交流

我来画。

我从头开始试：鸡有 10 只，兔有 0 只。

🐔🐔🐔🐔🐔🐔🐔🐔🐔🐔

这样只有 20 只脚，脚的数量不够，再添。

调整：鸡有 9 只，兔有 1 只。

🐔🐔🐔🐔🐔🐔🐔🐔🐔🐰

这样就有 9×2＋1×4＝22（只）脚，还是不够，再添。

8×2＋2×4＝24（只）；

……

4×2＋6×4＝32（只）。

所以有 4 只鸡，6 只兔。

每次都要添上 2 只脚哦！

我用列表法试试。

鸡（只）	10	9	8	7	6	5	4
兔（只）	0	1	2	3	4	5	6
脚总数（只）	20	22	24	26	28	30	32

我也算出来了！

观察表格我发现，鸡每次减少 1 只，兔每次增加 1 只，脚总数每次增加 2 只。

 兔子明明每次增加了1只,脚的总数量为什么只增加2?

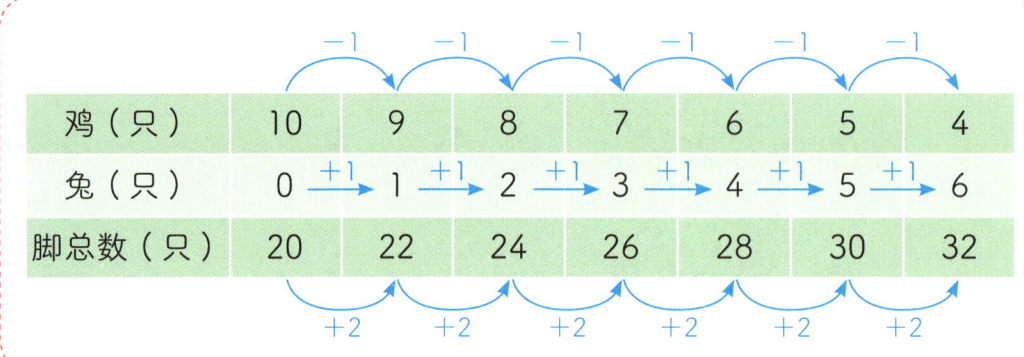

我也有发现!

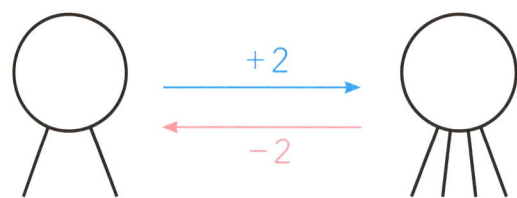

1只鸡换成1只兔子就会多2只脚,1只兔子换成1只鸡就会少2只脚。

鸡(只)	10	9	8	7	6	5	4
兔(只)	0	1	2	3	4	5	6
脚总数(只)	20	22	24	26	28	30	32

 我前面画图时,一次一次调整太麻烦了,能不能一次完成调整?

我来！假设鸡有 10 只，兔有 0 只。
这时脚的总数为：2×10＝20（只）；
调整到实际的脚总数需要增加：32－20＝12（只）；
每次调整，脚总数增加 2，因此需要调整的次数是：
12÷2＝6（次）；
即把 6 只鸡调整成了 6 只兔，因此剩下的鸡是：
10－6＝4（只）。

这种方法叫作假设法哦！先假设全是鸡，再去调整。那么如果先假设全是兔，你也会这样调整吗？

假设鸡有 0 只，兔有 10 只。
这时脚的总数为：4×10＝40（只）；
调整到实际的脚总数需要减少：40－32＝8（只）；
每次调整，脚总数减少 2，因此需要调整的次数是：
8÷2＝4（次）；
即把 4 只兔调整成了 4 只鸡，因此剩下的兔就是：
10－4＝6（只）。

太棒啦！我已经学会用画图、列表、假设三种方法来解决"鸡兔同笼"问题了。

神奇大揭秘

同学们,通过前面的交流,你们发现了什么?来看看吧。

一起来交流

刚才我们利用表格写出了假设法的四道算式,假设法的计算过程其实就是表格中假设、调整的过程。

那在画图法中可以找到和假设法对应的地方吗?

一开始我们画了10只鸡,不就是假设鸡有10只,兔有0只吗?然后我们发现脚总数对应不上,相差了12只脚,每次添上2只脚,不就是对应了算式中调整的部分吗?

鸡(只)	10	9	8	7	6	5	4
兔(只)	0	1	2	3	4	5	6
脚总数(只)	20	22	24	26	28	30	32

我从头开始试:鸡有10只,兔有0只。

这样只有20只脚,脚的数量不够,再添。

调整:鸡有9只,兔有1只。

假设鸡有10只,兔有0只。
这时脚的总数为:2×10=20(只);
调整到实际的脚总数需要增加:32-20=12(只);
每次调整,脚总数增加2,因此需要调整的次数是:12÷2=6(次);
即把6只鸡调整成了6只兔,因此剩下的鸡是:10-6=4(只)。

同学们，前面讲的方法大家都学会了吗？我来考考你们。

❶ 有龟和鹤共 40 只，龟的腿和鹤的腿共有 112 条。龟、鹤各有几只？

龟相当于兔，鹤相当于鸡。按这个思路试一试。

❷ 新星小学"环保卫士"小分队派出 12 人参加植树活动。男生每人栽了 3 棵树，女生每人栽了 2 棵树，一共栽了 32 棵树。男、女生各有几人？

这样的题也可以用解决"鸡兔同笼"问题的方法来做，是不是很神奇？

智慧小链接

同学们，你们知道古人是如何解决"鸡兔同笼"这个问题的吗？

大约在1500年前，我国古代数学名著《孙子算经》中就记载了"鸡兔同笼"这个有趣的问题。后来传到日本，被命名为"龟鹤算"；传到欧洲，西方数学家们又赋予了它更系统的解法。可以说，"鸡兔同笼"问题对整个世界的数学发展历史都产生了巨大影响。那么古人是如何解决这个问题的呢？

今有雉兔同笼，上有一十个头，下有三十二足，问雉兔各几何？

（1）假如让鸡抬起一只脚，兔子抬起两只脚，那么地面上脚的数量就是实际的脚的总数的一半，也就是 32÷2=16（只）。

（2）此时，每只鸡一只脚，每只兔子两只脚，笼子里只要有一只兔子，则地面上脚的数量就比头的总数多1。

（3）实际上地面上脚的数量比头的总数多了 16-10=6（只），这就是兔子的数量，那么鸡的数量就是 10-6=4（只）。

该算法可以用下图表示：

$$\text{头……} \begin{bmatrix} 10 \\ 32 \end{bmatrix} \xrightarrow{\text{脚减半}} \begin{bmatrix} 10 \\ 16 \end{bmatrix} \xrightarrow{\text{下减上}} \begin{bmatrix} 10 \\ 6 \end{bmatrix} \xrightarrow{\text{上减下}} \begin{bmatrix} 4 \\ 6 \end{bmatrix} \begin{matrix} \text{……鸡} \\ \text{……兔} \end{matrix}$$

21 勇夺"数学皇冠"的陈景润

数学真奇妙  同学们,你们知道"哥德巴赫猜想"吗?一起来看看。

一起来交流

 很多数学家都做过关于"因数、质数"的研究。"哥德巴赫猜想"就是历史上有名的关于"质数"的研究,你知道吗?

我知道,德国数学家哥德巴赫提出了"任何一个大于 2 的偶数均可表示成两个质数之和"的猜想,简称"1+1"。270 多年来,这个猜想吸引了众多的数学工作者,他们殚精竭虑,苦心钻研,然而至今仍不得其解,成为世界数学界的一大悬案。

 是的,我国有位著名的数学家陈景润,他将这一猜想的证明推进了一大步。

在陈景润还是一位中学生的时候,有幸聆听了清华大学一名很有学问的数学老师讲课。

在课上,这位老师把数学比作"科学皇后",把"哥德巴赫猜想"比作皇后皇冠上的明珠。这一新奇的比喻给陈景润留下了深刻的印象,从此,"哥德巴赫猜想"像磁石一样吸引着陈景润。

为了更好地了解什么是"哥德巴赫猜想",我们可以先来玩一个游戏。游戏规则是:我给出几个大于2的偶数,请你找出和为此数的两个质数。

  "哥德巴赫猜想"到底是怎么一回事呢?我们一起来探究。

动手操作

根据游戏规则,填一填。

偶数	拆成两个质数之和
4	2+2
6	3+3
8	
10	
12	
14	
16	

21. 勇夺"数学皇冠"的陈景润

一起来交流

我来填一填。

偶数	拆成两个质数之和
4	2+2
6	3+3
8	3+5
10	3+7
12	5+7
14	7+7
16	5+11

那么是不是所有大于 2 的偶数，都可以表示成两个质数的和呢？这就是著名的"哥德巴赫猜想"。由于拆分出的是两个质数，因此我们可以简称它为"1+1"。具体地说，这里所说的是"关于偶数的'哥德巴赫猜想'"（即猜想 A），除此以外，还有一条"关于奇数的'哥德巴赫猜想'"（猜想 B）。

听起来好像挺简单的。

听起来简单，证明起来却不容易。下面，我们先来了解一下"哥德巴赫猜想"的推进历程。

时间	人物及事件	证明情况
1742年	哥德巴赫在给欧拉的信中，第一次提出"任意一个大于2的偶数都可写成两个质数之和"这一猜想，却无法证明；欧拉认为这个命题是正确的，但是终其一生也未能证明	未能证明
1920年	挪威数学家布朗用古老的筛选法证明了"任何一个大于2的偶数都能表示为9个质数的乘积与另外9个质数乘积的和"，即证明了"$a+b$"为"9+9"	9+9
1924年	德国数学家拉特马赫证明了"7+7"	7+7
1932年	英国数学家埃斯特曼证明了"6+6"	6+6
1937年	前苏联数学家维诺格拉多夫证明了"充分大的奇数可以表示为三个奇质数之和"，这使欧拉设想中的奇数部分有了结论，剩下的只余偶数部分的命题了	证明猜想B
1938年	我国数学家华罗庚证明了"几乎所有偶数都可以表示为一个质数和另一个质数的方幂之和"	
1938—1956年	苏联数学家又相继证明了"5+5""4+4""3+3"	5+5 4+4 3+3
1956—1957年	我国数学家王元先后证明了"3+4""3+3""2+3"	3+4 3+3 2+3
1962年	我国数学家潘承洞与苏联数学家巴尔巴恩各自独立证明了"1+5"	1+5
1963年	潘承洞、王元和巴尔巴恩又都证明了"1+4"	1+4
1965年	几位数学家同时证明了"1+3"	1+3
1966年	我国青年数学家陈景润在对筛选法进行了重要改进之后，终于证明了"1+2"	1+2
至今	没有实质进展	尚未证明"1+1"

哇，听起来这么容易的一件事，做起来却如此艰辛！这些数学家不怕困难、刻苦钻研的精神真值得我们学习！

我们再来看看陈景润先生提出的"1+2"是什么意思？

陈景润证明了如下结论：任何一个充分大的偶数，都可以表示成两个数之和，其中一个数是质数，另一个数或者是质数，或者是两个质数的乘积。这就是著名的"陈氏定理"。

  同学们，通过前面的交流，你们发现了什么？来看看吧。

请把下面的偶数拆成一个质数和两个质数的乘积。

偶数	拆成一个质数和两个质数的乘积
8	2+2×3
18	
24	
48	

一起来交流

我来。18＝3＋3×5，24＝3＋3×7，48＝2＋2×23。陈景润能证明这个结论真了不起，离"哥德巴赫猜想"最后的结果只有一步之遥了。

是的，仅证明命题"1＋2"就花费了陈景润10多年的时间。在他那不足6平方米的斗室里，他潜心钻研，光是计算的稿纸就足足装了几麻袋。

听完数学家的故事，我越来越佩服他们孜孜不倦、精益求精的钻研精神了，我们平常在学习的时候也要这样！

知识我会用

同学们，前面讲的方法你们都学会了吗？我来考考你们。

把下面的偶数拆成1＋1和1＋2的形式。

偶数	拆成1＋1形式	拆成1＋2形式
58		
62		
86		
108		

智慧小链接

同学们,我们进一步来了解一下陈景润和"哥德巴赫猜想"吧。

1965年,陈景润发表了论文《表达偶数为一个素数及一个不超过两个素数的乘积之和》。论文一经发表,受到世界数学界数学家们的高度重视和称赞。英国数学家哈伯斯坦和德国数学家黎希特把陈景润的论文写进数学书中,称为"陈氏定理"。美国数学家安德烈·韦伊曾这样称赞他:"陈景润的每一项工作,都好像是在喜马拉雅山山巅上行走。"陈景润研究"哥德巴赫猜想"和其他数论问题的成就,至今仍然在世界上遥遥领先,他也被誉为"哥德巴赫猜想第一人"。

要证明"哥德巴赫猜想"其中的一个办法是证明某数为两数之和,其中第一个数的质因数不超过 a 个,第二个数的质因数不超过 b 个。这个命题被称为"$a+b$"。最终要达到的目标是证明"$a+b$"为"$1+1$"。

"哥德巴赫猜想"这一"数学皇冠上的明珠",世界各国的数学家都想攻克它,但该猜想提出至今过去了将近300年,我们都还没有完全证明它。这就要留给同学们去努力解决啦!或许,你就是下一个"陈景润"哦!

22 棋盘里的数学

扫码听讲解

数学真奇妙

同学们，你们会下象棋吗？我们一起来玩一玩吧。

读一读

中国象棋是起源于古代的一种棋戏，有一种说法是象棋的"象"是一个人的名字。相传舜的弟弟象发明了一种用来模拟战争的游戏棋，因为是他发明的，所以很自然地把这种游戏棋叫作"象棋"。中国象棋的棋盘由九道竖线和十道横线交叉组成，中间以"楚河 汉界"相隔，在棋盘上再现了中国古代两军对垒的场景。中国象棋是中国棋文化的代表之一，也是中华民族的文化瑰宝。

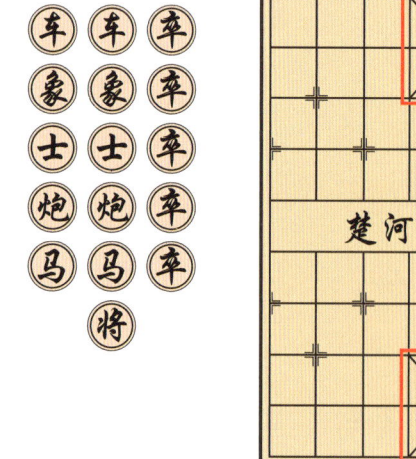

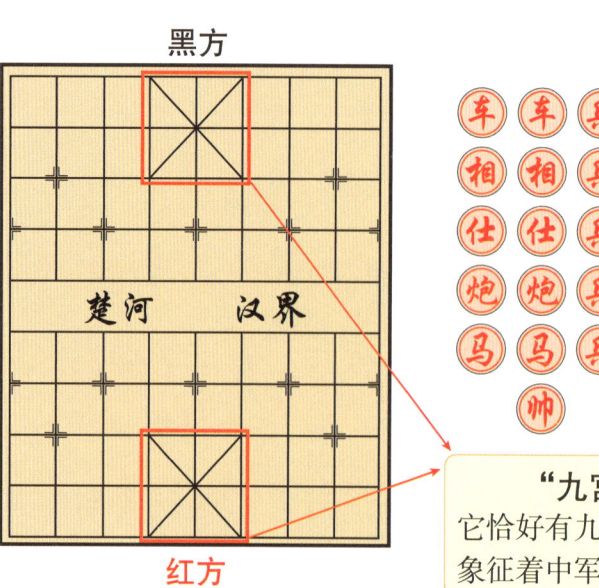

"九宫"
它恰好有九个交叉点，象征着中军帐。

 象棋棋子一共有 32 颗,黑方、红方各有 16 颗。"楚河 汉界"将黑方和红方分为两个阵营,将与帅、士与仕、象与相、卒与兵的作用完全相同。在这些棋子中,黑方和红方的最高指挥官分别是将和帅。让我们从摆棋子开始吧。

  摆棋子有什么规则?又藏着什么数学知识呢?一起来探究吧!

象棋棋子的摆法都是有规定的。你们看,把"将"和"帅"分别摆在了哪个位置呢?

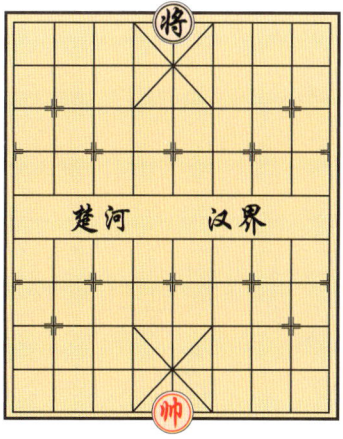

"帅"横着看是在左数第 4 列，竖着看是在下数第 0 行，因此"帅"是第 4 列第 0 行；那么"将"就是第 4 列第 9 行。

除了可以用行、列来确定棋子的位置，还可以用另一种方式来确定，那就是"数对"。如下图，你觉得"将"可以用哪两个数字表示？"帅"可以用哪两个数字表示？

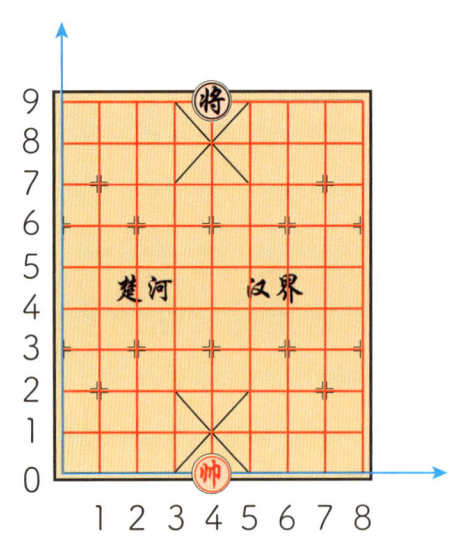

"帅"横着看是在第 4 列，竖着看是第 0 行，因此用数对（4，0）表示；"将"在第 4 列第 9 行，因此用数对（4，9）表示。用数对表示位置的时候，要先表示列的数据，再表示行的数据。

红方和黑方各有 2 个 "马"，在棋盘中，这 4 个 "马" 该分别摆在哪个位置呢？请根据 "马" 的数对（1，0）、（1，9）、（7，0）、（7，9），找到 "马" 的位置。

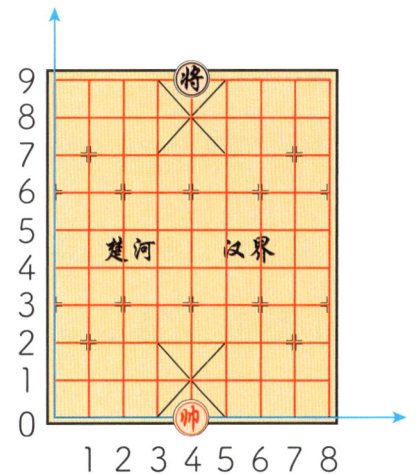

我会，我会。（1，0）表示的是第 1 列第 0 行，（1，9）表示第 1 列第 9 行，（7，0）表示第 7 列第 0 行，（7，9）表示第 7 列第 9 行。只要读懂数对的含义，马上就可以在图中确定 "马" 的位置。

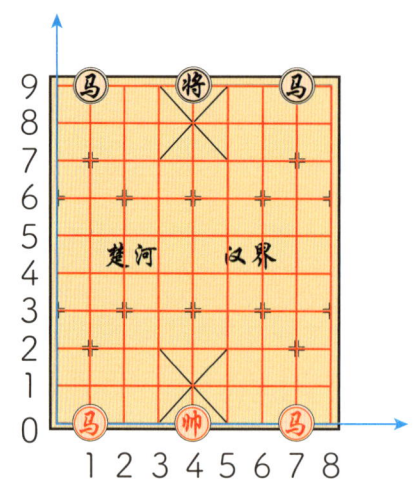

观察红色的"马",它们都在同一(　　),对应数对中第(　　)个数字是一样的;黑色的"马"也在同一(　　),对应数对中第(　　)个数字也是一样的。找到在同一列的"马",它们数对中的第(　　)个数字是一样的。

在棋盘上,同一列的棋子,表示它们的数对中的第1个数字是相同的;同一行的棋子,表示它们的数对中的第2个数字是相同的。反过来就是,在表示棋子位置的数对中,第1个数字相同的棋子一定在同一列,第2个数字相同的棋子一定在同一行。

22. 棋盘里的数学

  同学们,通过前面的交流,你们发现了什么?一起来看看。

动手操作

在棋盘上,"马(1,0)"可以怎么走呢?走后的位置,怎么用数对表示?

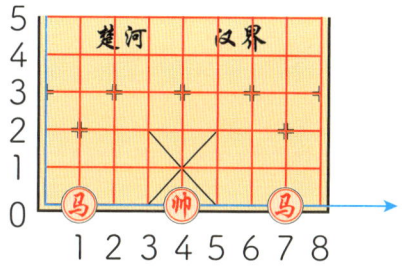

 象棋的行棋规则:马走日,象走田,车走直路炮翻山,士走斜线护将边,小卒一去不回还。

根据行棋规则,"马"可以走的位置:(,)、(,)、(,)。

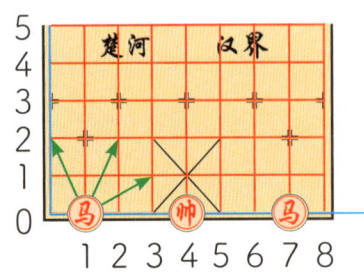

 "马(7,0)"可以走到哪里呢?在棋盘上画一画,写出它们对应的数对。

根据行棋规则,"马(7,0)"可以走的位置:(,)、(,)、(,)。

 当棋子向右边移动时,数对中的第1个数字会增大,反之,向左边移动时,数对中的第1个数字会减小。当数对中的第2个数字增大时,表示棋子向上运动;数对中的第2个数字减小时,则表示棋子向下运动。

知识我会用  同学们，前面讲的方法你们都学会了吗？我来考考你们。

❶ "相走田"，下图中的"相"可以走的位置是_____。图中"帅"的位置用数对表示是（4，0），你能用数对表示出图中"相""兵""炮"的位置吗？

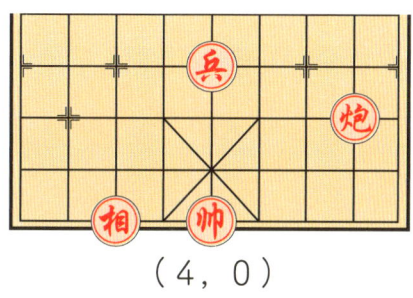

（4，0）

❷ 如图，若"卒"和"马"的位置用数对表示分别是（4，B）、（A，9），你能用数对表示出图中"炮"的位置吗？

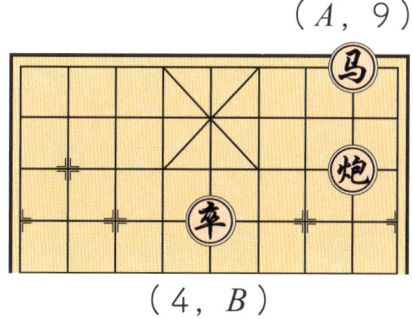

智慧小链接

同学们，下面我们来了解一些与象棋有关的知识吧。

笛卡儿与直角坐标系

有一次，法国数学家笛卡儿生病了，在家卧床休息，但他的大脑一直没有休息，仍然在反复运转思考一个问题：怎样才能把"点"和"数"联系起来呢？

突然，他看见屋角处的一只蜘蛛在上边左右拉丝。他想，可以把蜘蛛看作一个点，蜘蛛的每个位置就能用一组数确定下来。

于是在蜘蛛的启示下，笛卡儿用一对有顺序的数表示平面上的一个点，创建了数对与直角坐标系。

国际象棋

国际象棋的棋盘为正方形，由64个黑白相间的格子组成，体现的是西方古战场上敌对双方在开阔地进行面对面的对峙。

有趣的是，如果把中国象棋棋盘上的"楚河　汉界"拿掉，正好也是一张8×8的方格棋盘，与国际象棋棋盘完全一样。

象棋与数对

中国象棋的下法各式各样,吸引了很多象棋迷的眼球。让我们一起来探探棋谱中各式各样的下法是如何确定棋子的位置的吧!

棋盘纵向共有9道线,自己的棋子从右向左数(图1),向上为进,向下为退。第一个数为原始位置,第二个数为落子位置。"炮二平五"就是位于第二纵线的"炮"平移到第五纵线,以此类推。

红黑双方经过攻防转换后,互有损失。红方主力军团集中在黑方右侧,形成中国象棋的基本杀法——卧虎藏龙杀法(图2)。

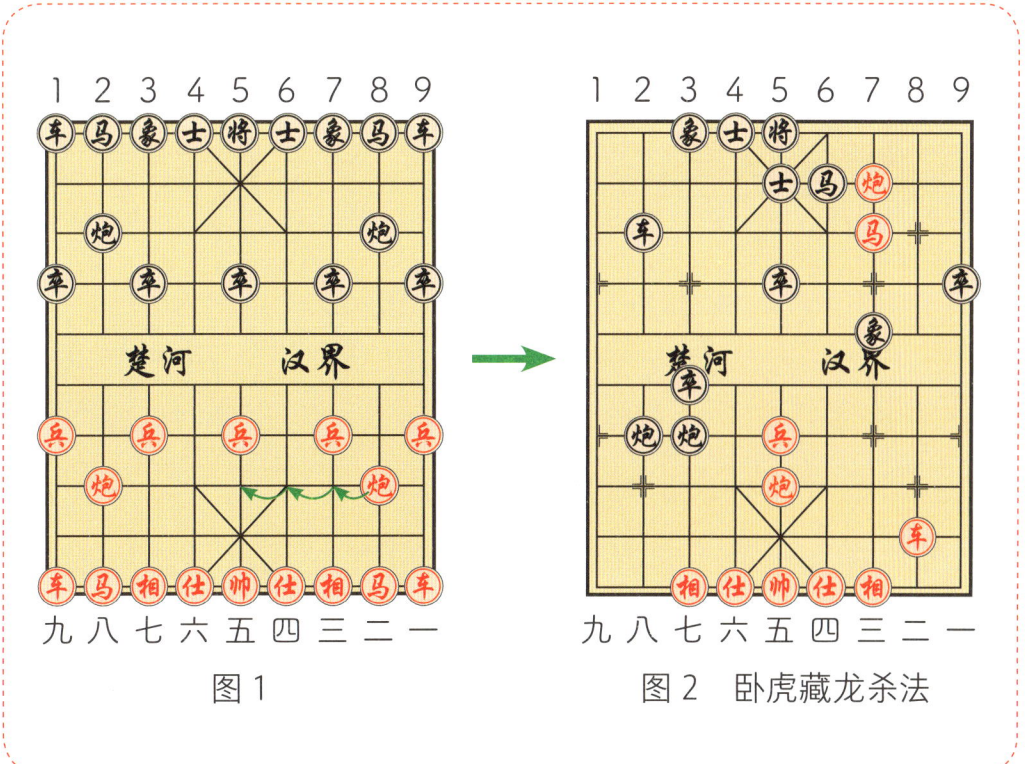

图1

图2 卧虎藏龙杀法

红方率先发动攻击,"炮五进四",红方"炮"打掉了黑方"卒"并将军,红方来势汹汹(图3)。

黑方也毫不示弱,"马六进五"(黑方六路"马"前进到五路,"马"走"日"字),用"马"踩掉了红方"炮",化解了红方攻势(图4),并威胁到红方"马"。

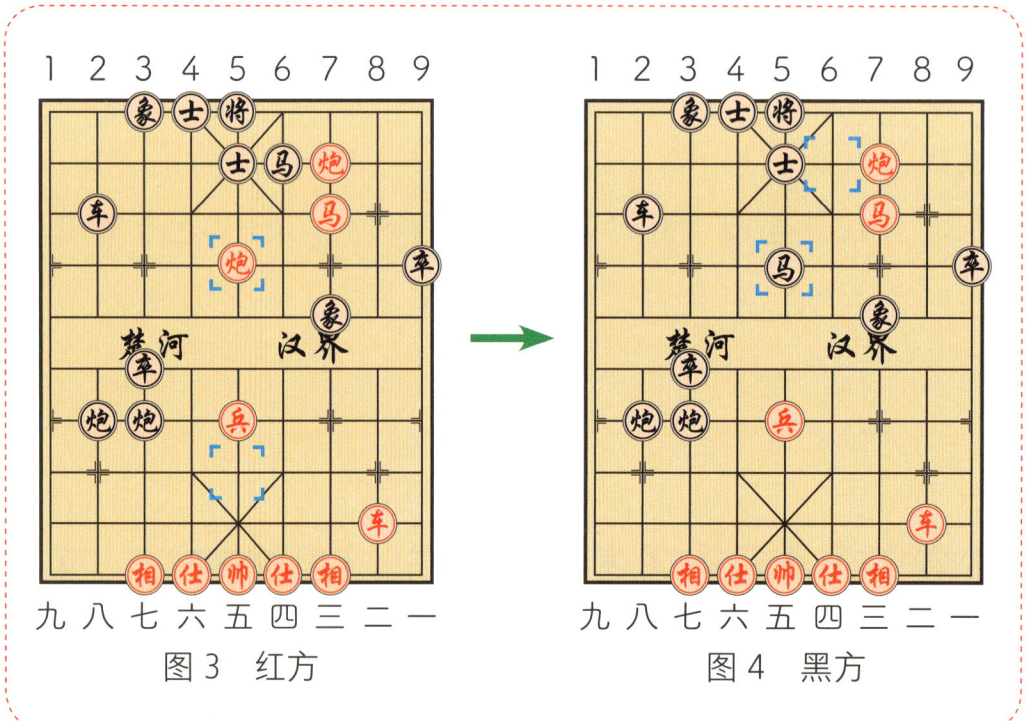

图3 红方   图4 黑方

红方"炮五进四"的含义是红方五路"炮"前进四步。"炮五"的位置用数对(4,2)表示,那么"炮五进四"后"炮"的位置用数对怎样表示呢?

可以建立平面直角坐标系,根据横纵轴找出"炮五进四"后"炮"的位置,是数对(4,6)(图5)。

也可以根据"炮五进四"列数不变,行数增加4计算(图6),变化后表示为(4,2+4),即数对(4,6)。

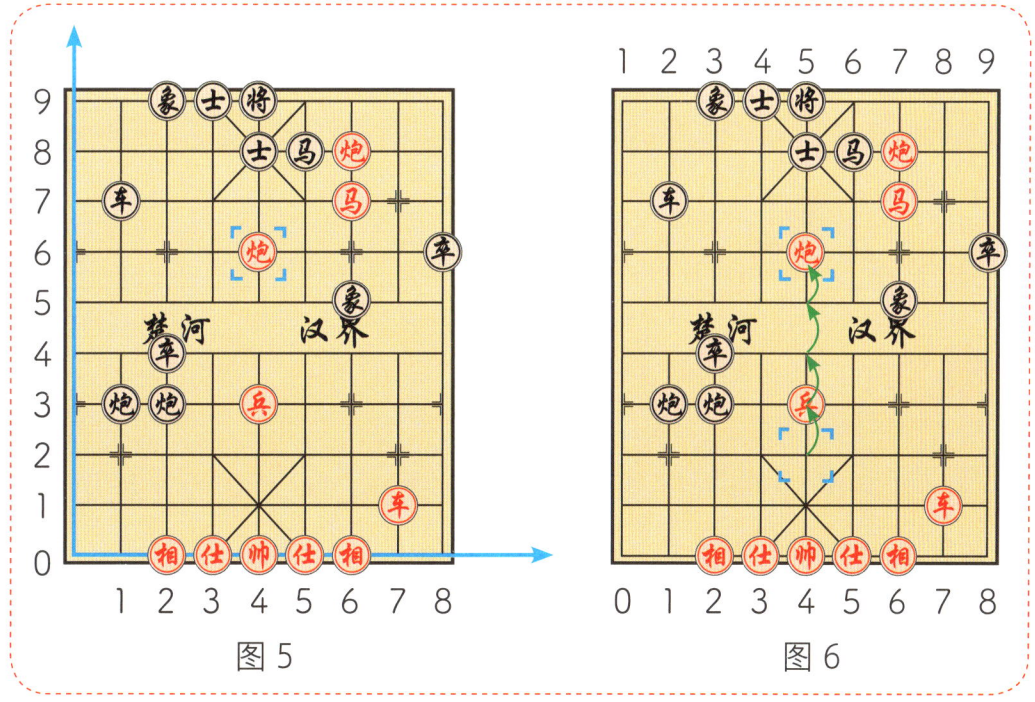

图 5　　　　　　　　图 6

棋盘的纵横交错，如数学的坐标系，蕴含着无限的知识。关于象棋与数对之间的故事，感兴趣的同学可以课后继续研究哦！

数对猜猜猜

游戏规则：请你选择 4 个字组成一句话，然后写下这 4 个字所对应的数对，读出这 4 个数对，让你的小伙伴猜一猜你想的是哪句话。（如下图）

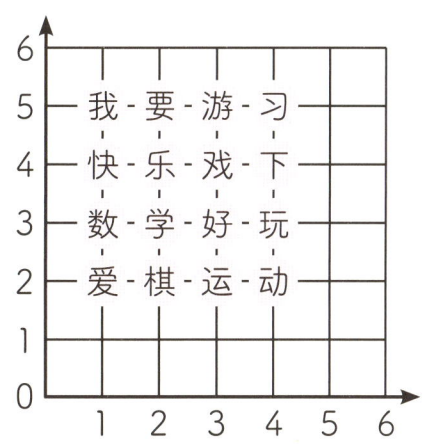

23 抢棋游戏

扫码听讲解

 同学们,你们玩过抢棋游戏吗?一起来玩一玩吧。

有黑白两堆棋子,各7颗。两人轮流取,每次只能在一堆中取(至少取1颗),谁取走最后1颗,谁获胜。

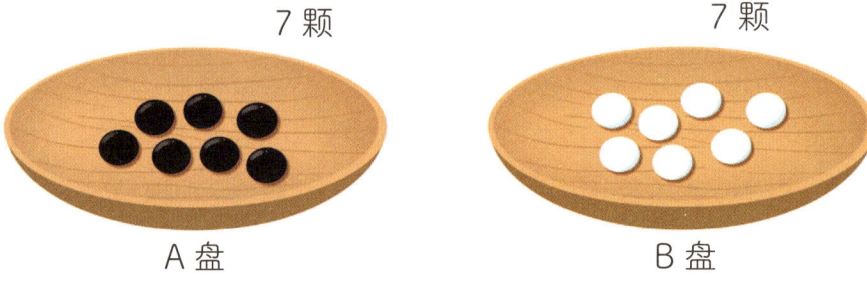

A盘　　　　　B盘

 "每次只能在一堆中取"是什么意思?

可以从黑色棋子中取(A盘),也可以从白色棋子中取(B盘),但是不能一次同时从两堆中取。

 "谁取走最后1颗,谁获胜"又是什么意思?

23. 抢棋游戏

对方没有棋子可取了，你就获胜了。

两个盘里各 7 颗棋子，取的方法有很多种，很难马上找到谁获胜呢？

可以化繁为简，从两边各 1 颗棋子开始研究。

若每个盘里仅 1 颗棋子，那后取的同学获胜。因为不管先取的人取哪个盘里的棋子，总是有一个盘里剩下 1 颗，所以后取者胜。

如果两个盘里各 2 颗棋子呢？还是后取者胜吗？

当两个盘里各有 2 颗棋子时，一共有这么几种取法：
如果对方取 2 颗白子，那么我就取 2 颗黑子，我赢了。
如果对方取 1 颗白子，那么我也跟着取 1 颗白子，对方把剩下的 2 颗黑子取了，我就输了。
如果对方取 1 颗白子，那么我就取 1 颗黑子，对方再任取 1 颗，我就可以取到最后 1 颗，我赢了。
如果对方取 1 颗白子，那么我就取 2 颗黑子，对方取走剩下的 1 颗白子，我输了。

  同学们，抢棋游戏有没有规律呢？我们一起来探究一下。

动手操作

抢棋游戏有没有什么必胜的策略呢？有的话，试着写下来。

一起来交流

 让对方先取，自己后取。

对方取几颗，我也跟着取几颗。

 要与对方在不同的一堆里取。

抢棋游戏的必胜策略到底是什么呢？我们边研究边总结。

23. 抢棋游戏

动手操作

有两堆棋子，各 10 颗。两人轮流取，每次只能在一堆中取（至少取 1 颗），谁取走最后 1 颗，谁获胜。怎么取才能获胜呢？

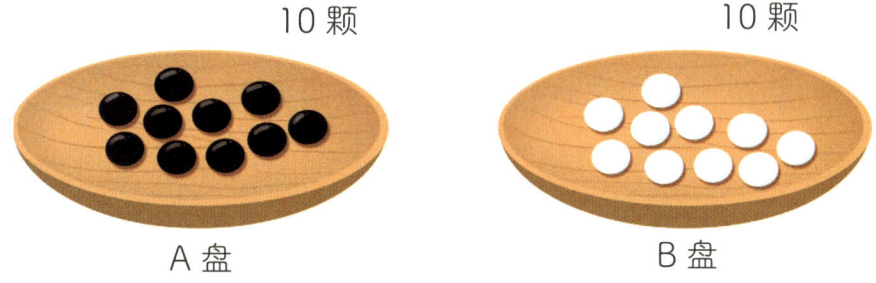

A 盘　　　　　　　　B 盘

一起来交流

由于棋子数量相同，让对方先取，对方取几颗，我就在另一个盘中也取几颗，对方最后一次取几颗，我最后也取几颗，我后取就获胜了。

两堆棋子的数量是相同的，它们是对称关系。因此，对方先取几颗，我一定也要跟着在另一个盘中取相同的颗数，对方剩下几颗，我也要剩下几颗。

可以将轴对称原理应用到抢棋游戏中。对称思想是很重要的数学思想方法哦！

  同学们，通过前面的交流，你们发现了什么？一起来看看。

动手操作

两堆棋子，分别有12颗、9颗。两人轮流取，每次只能在一堆中取（至少取1颗），谁取走最后1颗，谁获胜。怎么取才能获胜呢？

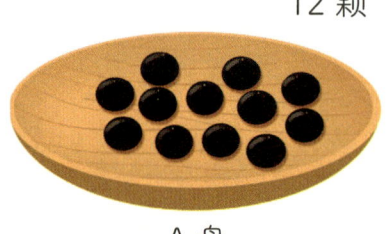

A盘　12颗

B盘　9颗

一起来交流

 这次两堆棋子的数量不同了，还是后取者赢吗？

黑色棋子比白色棋子多了3颗，因此，先取走3颗黑子，之后，就变成两堆棋子"一一对应"了，接着按"对称"的方法取，就能获胜。

先取相差数，将数量不同的两堆棋子变成数量相同的，将遇到的新问题转化为已经学过的问题。

两堆棋子数量相同时，要让对方先取，对方取几颗，我就取几颗；两堆棋子数量不同时，就要想办法转化成棋子数量相同的情况，因此只要我们从多的那一堆取走相差数，接下去就变成了棋子数量相同，对方先取的情况，我们又可以获胜了。
当不止两堆棋子时，你还会吗？

动手操作

三堆棋子，分别有 1 颗、2 颗、3 颗。两人轮流取，每次只能在一堆中取（至少取 1 颗），谁取走最后 1 颗，谁获胜。怎么取才能获胜呢？

一起来交流

让对方先取，对方取1颗时：如果这1颗从第一堆里取，我就从第三堆里也取1颗，那么剩下的两堆都是2颗；如果这1颗从第二堆里取，我就把第三堆里的3颗全部取了，那么剩下的两堆都是1颗；如果这1颗从第三堆里取，我就把第一堆里的1颗取了，那么剩下的两堆都是2颗。

让对方先取，对方取2颗时：如果这2颗从第二堆里取，我就从第三堆里也取2颗，那么剩下的两堆都是1颗；如果这2颗从第三堆里取，我就把第二堆里的2颗全部取了，那么剩下的两堆都是1颗。

让对方先取，对方取3颗（只能取第三堆）时，我就从第二堆里取1颗，剩下的两堆都是1颗。

你们真棒！都是想办法将三堆转化成两堆进行游戏。而两堆的情况，不管数量相同还是不同，我们都有必胜的策略。

  同学们，前面讲的方法你们都学会了吗？我来考考你们。

❶ 黑白两堆棋子分别有 12 颗、14 颗，两人轮流取，每次只能在一堆中取（至少取 1 颗），谁取走最后 1 颗，谁获胜。怎么取才能获胜呢？

❷ 黑白两堆棋子分别有 20 颗、40 颗，两人轮流取，每次只能在一堆中取（至少取 1 颗），谁取走最后 1 颗，谁获胜。怎么取才能获胜呢？

❸ 黑白两堆棋子分别有 100 颗、40 颗，两人轮流取，每次只能在一堆中取（至少取 1 颗），谁取走最后 1 颗，谁获胜。怎么取才能获胜呢？

智慧小链接  同学们，类似这样的问题，你们还会解决吗？来试试吧。

在 5×5 的方格中，两人轮流涂色。每人每次只能涂成长方形（含正方形）的若干格，同一格中不重复涂色，谁涂到最后 1 格，谁获胜。如果不允许第一次就涂满而获胜，那么应该怎么涂才能获胜？

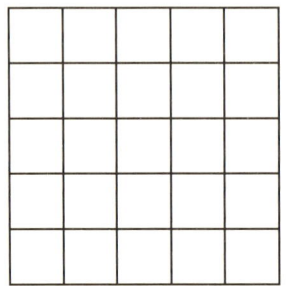

 先涂最中间的 1 格，剩下的还有 24 格。已涂色的这 1 格的左面与右面、上面与下面都有 1 格是"一一对应"的，对方涂几格，我也跟着涂几格，利用对称原理涂色。

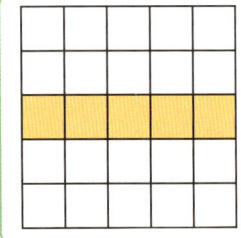 先涂最中间一行的 5 格，剩下的还有 20 格。已涂色的这一行的上面与下面都有 1 格是"一一对应"的，对方涂几格，我也跟着涂几格。

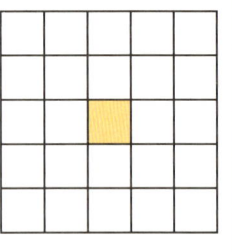

23. 抢棋游戏

先涂最中间一列的 5 格，剩下的还有 20 格。已涂色的这一列的左面与右面都有 1 格是"一一对应"的，对方涂几格，我也跟着涂几格。
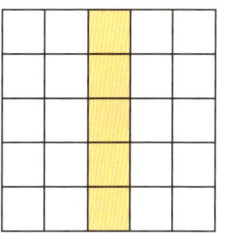

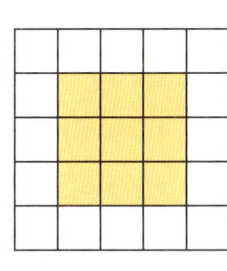
也可以先涂最中间的 9 格，剩下的还有 16 格。已涂色的 9 格的左面与右面、上面与下面都有 1 格是"一一对应"的，对方涂几格，我也跟着涂几格。

还可以先涂中间的三行，剩下的还有 10 格。已涂色的三行的上面与下面也是对称的，对方涂几格，我也跟着涂几格。
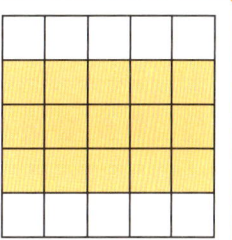

想一想：涂格子游戏与抢棋游戏有什么相同点与不同点？

24 逃生游戏

数学真奇妙  同学们，数学里有很多有意思的游戏，你们想挑战一下吗？

如图，通道里有 7 个黑球、7 个白球，通道中间有个凹槽，可躲 1 球。通道出口较小，只能让较小的黑球出去，白球出不去。要想让所有的黑球全部逃出通道，最少需要多少步？

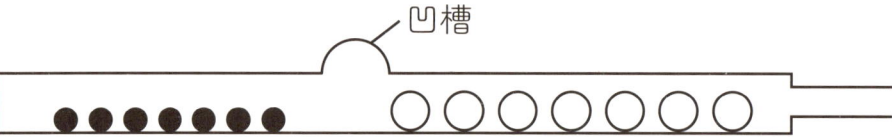

一起来交流

 有 7 个白球挡路，凹槽只能躲 1 球，要让 7 个黑球全部逃出通道，感觉好难啊！

让 7 个黑球全部逃出通道是不是有些困难？老子说过："天下难事，必作于易。"我们可以先从简单的开始研究。

24. 逃生游戏

同学们，黑球是如何逃生的呢？我们一起来探究一下。

动手操作

如下图所示，凹槽只能容纳1个球。白球太大出不去。黑球该怎么逃出去呢？

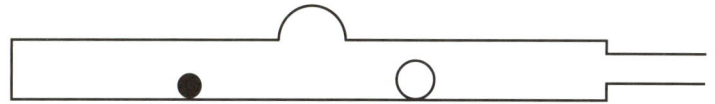

一起来交流

我有办法，你们看！
白球先让，需要2步。
第一步，白球躲入凹槽让黑球；

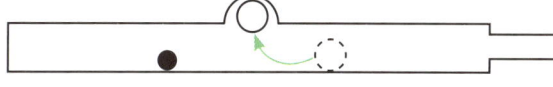

第二步，黑球出通道，逃生成功。

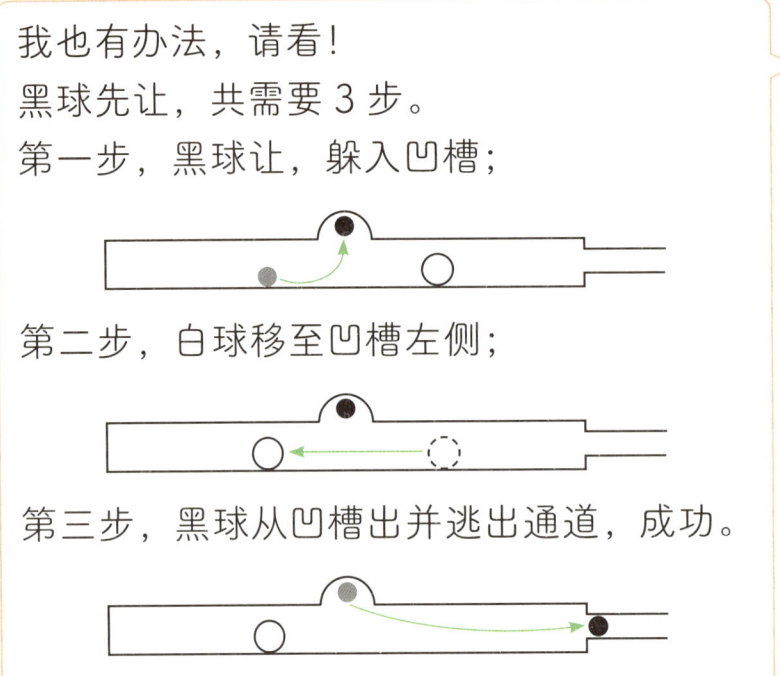

我也有办法，请看！
黑球先让，共需要3步。
第一步，黑球让，躲入凹槽；

第二步，白球移至凹槽左侧；

第三步，黑球从凹槽出并逃出通道，成功。

为什么白球先让会比黑球先让快一步？

白球相当于路上的障碍物，白球被移走，黑球就可以直接逃走；而如果黑球先让，相当于黑球绕路走，走了远路。已经熟悉了基本的操作方法，我们可以向更高层次出发了。

如下图所示，通道内有1白2黑3个球，黑球该怎么逃出去呢？

24. 逃生游戏

看我的！

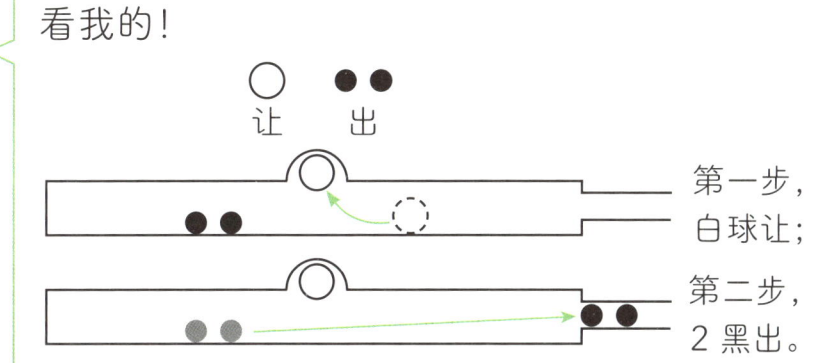

第一步，白球让；

第二步，2 黑出。

我也会！先给 2 个黑球编号。

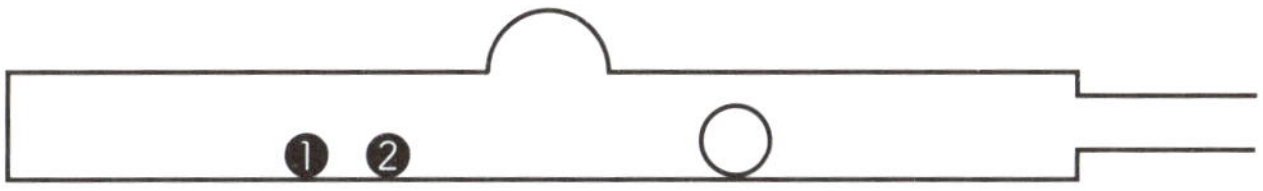

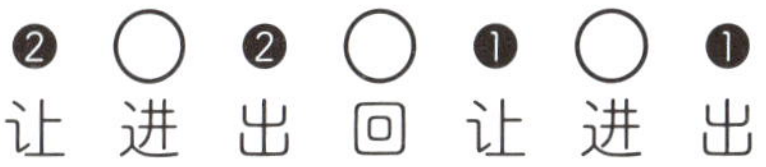

❷ ○ ❷ ○ ❶ ○ ❶
让 进 出 回 让 进 出 ，共 7 步。

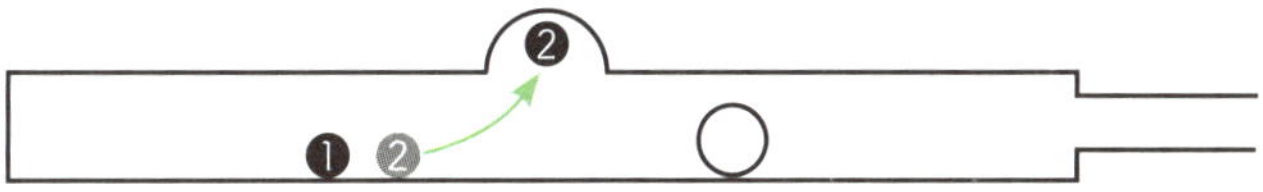

第一步，黑 2 让；

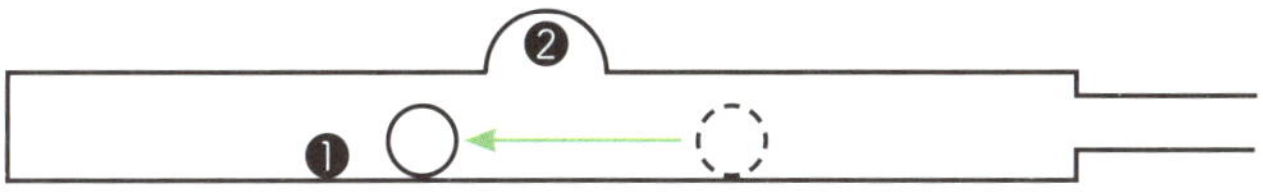

第二步，白球进。

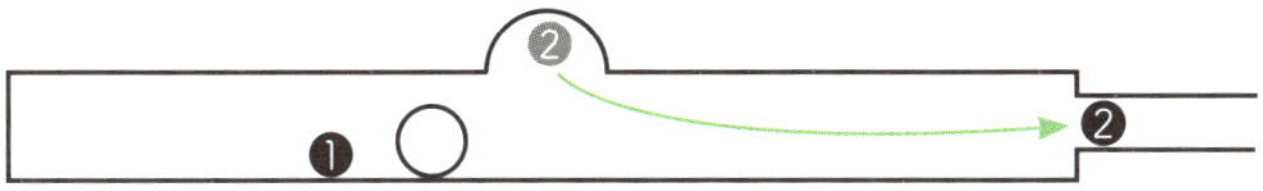

第三步，黑 2 出；

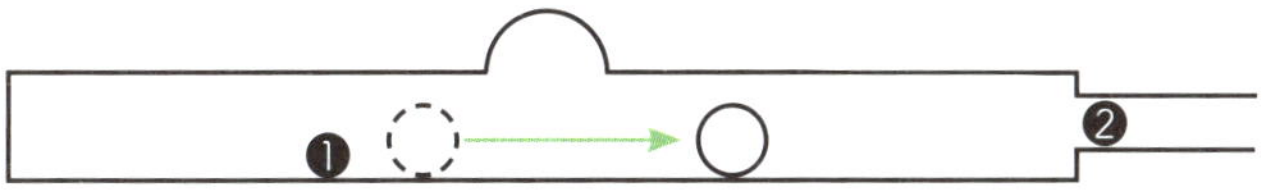

第四步，白回原位；

第五步，黑 1 让；

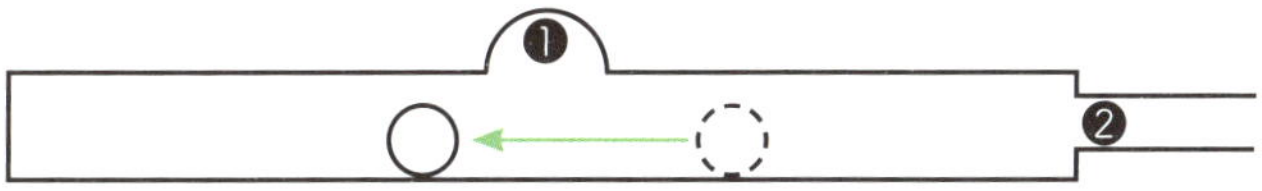

第六步，白球进；

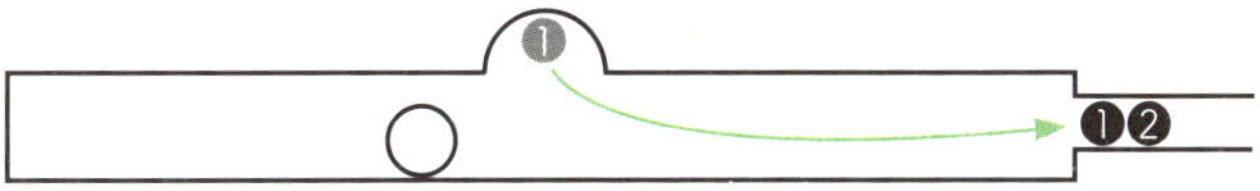

第七步，黑 1 出。

 如果是1黑2白，那么黑球该怎么逃出去呢？你有什么好办法吗？

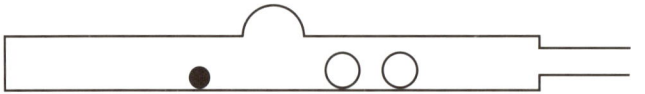
同学们，通过前面的探究，你们发现了什么？来看看吧。

一起来交流

我先总结一下。

通道里球的排列	黑球逃生最少步数（步）	走法
● ○	2	○ ● 让 出
●● ○	2	○ ●● 让 出
● ○○	3	● ○○ ● 让 进 出

我知道了，原来是谁少谁让，快些。

我还有一个问题，如果黑球和白球一样多，那么会是谁先让快呢？

24. 逃生游戏

动手操作

如下图所示，凹槽只能容纳 1 个球。白球太大出不去。黑球该怎么逃出去呢？（同色球可同时动）

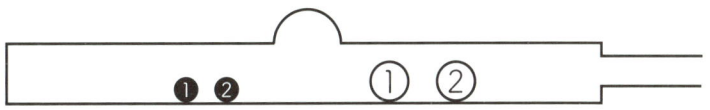

一起来交流

我先来！
黑球让，共 7 步。

我也有办法，请看！
白球让，共 6 步。

现在是 3 个黑球、3 个白球，黑球该怎么逃出去呢？

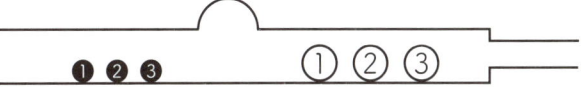

黑球让，共 11 步。

③ ①②③ ③ ①②③ ② ①②③ ② ①②③ ① ①②③ ①
让 进 出 回 让 进 出 回 让 进 出

白球让，共 10 步。

① ①②③ ① ①②③ ② ①②③ ② ①②③ ③ ①②③
让 出 进 回 让 出 进 回 让 出

如果是 4 个黑球和 4 个白球呢？

我已经找到规律了，黑球让 15 步，白球让 14 步。

我懂了，每次都加 4 步，而且总是白球让比黑球让少 1 步。

现在本文开头的题你会了吗？（7 个黑球，7 个白球）

黑球让 27 步，白球让 26 步。

知识我会用  同学们，前面讲的规律你们掌握了吗？我来考考你们。

有一个通道里有 10 个黑球、10 个白球，通道中间有个凹槽，可躲 1 球。通道出口较小，只能让较小的黑球出去，白球出不去。要想让所有的黑球全部逃出通道，最少需要多少步？

25 益智游戏——九连环

 **数学真奇妙**  同学们，你们听说过九连环吗？一起来玩一玩吧。

　　九连环是由9个环与杆、柄、板组成的，因9个环环环相扣而得名。九连环这个玩具已经有两千年左右的历史了！

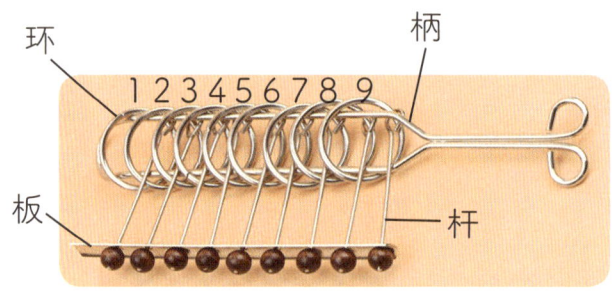

 一起来交流

看！这是完全解开的九连环。

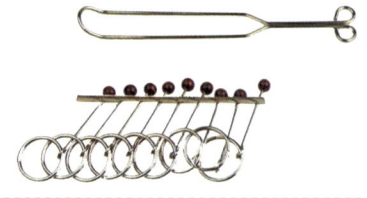

怎么才能把九连环解开呢？

25. 益智游戏——九连环

  如何把九连环解开呢？我们一起来探究一下。

动手操作

下面三种"解下第1环"的方式哪种是正确的？

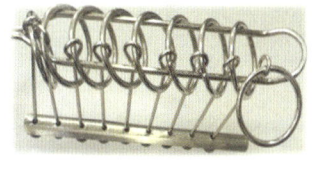 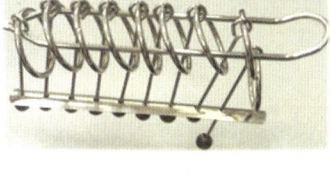 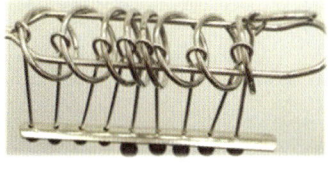

（1）　　　　　　（2）　　　　　　（3）

一起来交流

 图（2）是正确的。我们将"解下第1环"简称"下1"。

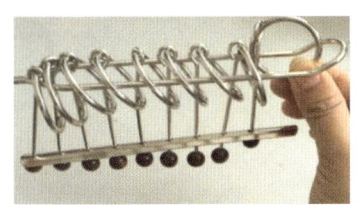  有"下1"就有"上1"，将环从柄中间提起并套回柄上，就是"上1"。

 "下2"的方法：提起1、2两环，将第2环从柄解下（"下2"），将1环套回，就能"下2"。你成功了吗？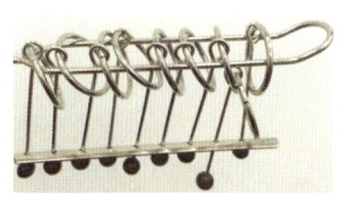

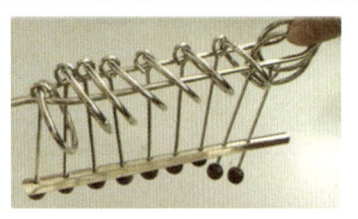  解下1、2环:将1、2两环从柄上提起,从柄中间放下,"下1、2"成功!

 解下1、3两环:先"下1",再把2、3两环从柄上提起,然后把第3环从柄中间放下,将2环套回。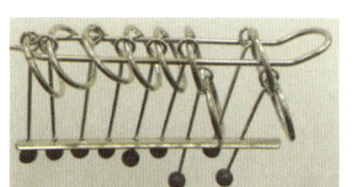

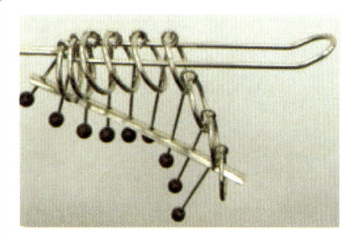  如何才能解下三个环呢?是先解1、2,再解3?还是先解1、3,再解2呢?

 "下1、2、3"步骤:下1→下3→上1→下1、2。

 现在你能把九连环复原吗?

 这还不简单嘛!把刚刚的步骤倒过来就好了呀!上1、2→下1→上3→上1。

 解下1、2、3环后,还能解下哪个环呢?

我解下的是1、2、4环。
步骤：下1、2 → 下4；
还原：上4 → 上1、2。

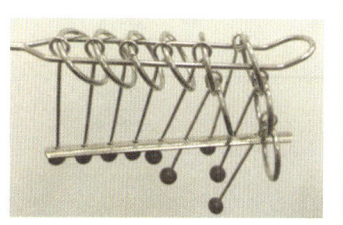

我们来挑战一下解下五个环吧！

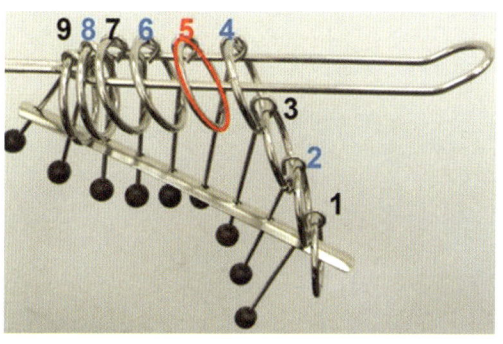

 第5环是下来了，可是第4环还在上面挂着呢！怎么办呢？

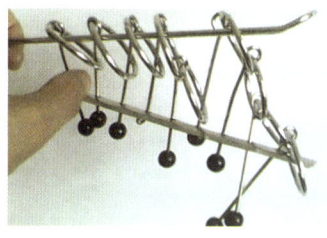

我想起来了，下1、2、4的时候解下过第4环，也就是要保证只有第3环挂在上面，才能解下第4环！

太棒了！成功取下了五个环！

 **神奇大揭秘**  通过前面的探究，你们发现解九连环的技巧了吗？

 我们先来整理一下。

"下1、2、3、4、5"步骤：

下1→下3→上1→下1、2（下1、2、3）→下5→上1、2→下1→上3→上1（上1、2、3）→下1、2→下4→上1、2→下1→下3→上1→下1、2（下1、2、3）。

简记为：

下1、2、3→下5→上1、2、3→下1、2→下4→上1、2→下1、2、3。

我发现，要想下（上）第 n 个环，必须满足：第 n 个环的前面只留第 $n-1$ 个环在柄上。

 我来捋一捋：已经解下1至5环，接着可以解下第7环，再想办法解下第6环！

步骤：下1、2、3、4、5→下7→上1、2、3、4、5→下1、2、3、4→下6→上1、2、3、4→下1、2、3、4、5。

已经解下七个环啦！

我们列表总结一下。

解下几环	过程	步数（步）
1	下1	1
2	下1、2	1
3	下1→下3→上1→下1、2	4
4	下1、2→下4→上1、2→下1、2、3	3+4=7
5	下1、2、3→下5→上1、2、3→下1、2→下4→上1、2→下1、2、3	4×3+1×2+2=16
6	下1、2、3、4→下6→上1、2、3、4→下1、2、3→下5→上1、2、3→下1、2、3、4	7×3+4×2+2=31
7		
8		
9		

你能把这个表补充完整吗？

知识我会用  既然发现了规律,我们来挑战一下完全解开九连环吧!

我们已经成功解下了七个环,请解下最后的第8、9两个环。先描述一下解下最后两个环的步骤,然后把前面的表格补充完整。你们知道解开九连环一共经历了多少步吗?

解下几环	过程	步数(步)
……	……	……
7		
8		
9		

智慧小链接  同学们，我们一起来了解一下九连环的历史吧。

九连环作为最古老的机械式益智玩具之一，其起源尚不确切。传说它起源于中国古代民间，一说发明于战国时代，一说发明于三国时期，但能确认的是明代杨慎《丹铅总录》中的记载："两环互相贯为一，得其关捩，解之为二，又合而为一。今有此器，谓之九连环，以铜铁为之。"

九连环于明代普及，明代中期时，流传极广。清代上至士大夫，下至贩夫走卒，个个爱玩九连环。《红楼梦》中也有林黛玉巧解九连环的记载。

在西方，16世纪前，欧洲有了九连环的记载。著名意大利数学家卡当的著作中将之称为"中国九连环"。1685年，英国数学家瓦里斯对此作了详细的数学说明。19世纪，格罗斯用二进位数给了它一个十分完美的解答。

26 "读心术"

扫码听讲解

数学真奇妙  我会"读心术",我能猜出你心中的数,你信吗?

一起来交流

 我不信!

那我们来试一试。大家先看一下游戏规则。

游戏规则

下面有4张卡片,卡片上有一些数。你想好一个数,然后告诉对方哪几张卡片上有你想的数,最后由对方来猜出你心中的数。

1	3
5	7
9	11
13	15

2	3
6	7
10	11
14	15

4	5
6	7
12	13
14	15

8	9
10	11
12	13
14	15

 ❶   ❷   ❸   ❹

26. "读心术"

 **动手来探究**  大家读懂游戏规则了吗？我们一起来玩一玩。

一起来交流

 我想好了。我想的数在第 ❷ 张、第 ❸ 张卡片上，你能猜出来是哪个数吗？

太简单了，是6。

 猜对了，但你都看得见，这样不算。

那我背对着你，你再告诉我信息，我来猜。

 我这次想的数在第 ❷、❸、❹ 张卡片上。

这次是14吧！

 猜对了！再来一个，这次我想的数在第 ❶、❸、❹ 张卡片上。

简单，你想的数是13，我猜的没错吧？

 没错。你是怎么做到的？

你仔细观察卡片上的数和你心中的数,你发现了什么?

神奇大揭秘  华华为什么每次都能猜对呢?这其中有什么奥秘吗?一起来看看。

一起来交流

 先看第一个数 6,在第 ❷、❸ 张卡片上。

2	3
6	7
10	11
14	15
❷

4	5
6	7
12	13
14	15
❸

$$6=2+4$$

再看第二个数 14,在第 ❷、❸、❹ 张卡片上。

2	3
6	7
10	11
14	15
❷

4	5
6	7
12	13
14	15
❸

8	9
10	11
12	13
14	15
❹

$$14=2+4+8$$

你看懂了吗?

我知道了，我想的是6，第 ❷、❸ 张卡片上的第一个数相加正好是6；我想的是14，第 ❷、❸、❹ 张卡片上的第一个数2、4、8相加就正好是14；以此类推，那13就是第 ❶、❸、❹ 张卡片上第一个数的和，1+4+8=13。

 我发现，1只出现在第 ❶ 张卡片上，2只出现在第 ❷ 张卡片上，4只出现在第 ❸ 张卡片上，8只出现在第 ❹ 张卡片上。

是的，除了这几个数，其他的数都是1、2、4、8的和，因此会同时出现在几张卡片上。不信你试试。

根据"其他的数都是1、2、4、8的和"，填一填。

3=（ 1 ）+（ 2 ）

5=（ 1 ）+（ 4 ）

6=（ ）+（ ）

7=（ ）+（ ）+（ ）

9=（ ）+（ ）

10=（ ）+（ ）

11=（ ）+（ ）+（ ）

12=（ ）+（ ）

13=（ ）+（ ）+（ ）

14=（ ）+（ ）+（ ）

15=（ ）+（ ）+（ ）+（ ）

这几个数的和最多只能加到 15，想要创造更大的数，这几个数不够用呢？

那你想想，如果再来一张卡片，这张卡片上的第一个数应该是几？

应该是 16，刚才已经加到 15 了。哦，我知道了，卡片上的第一个数 1、2、4、8、16 之间有关系，后一个数都是前一个数的两倍，按照这样的规律，后面的卡片上的第一个数依次是 32、64、128、…

没错，这些数是二进制的计数单位。有了这些数，我们就能组成很多很多的数。

我知道了，比如 12＝4＋8，4 和 8 分别是第 ❸、❹ 张卡片上的数，因此我报第 ❸、❹ 张卡片上的数时，你就用 4＋8＝12 来算；如果我想的数是 11，你只要把 11 拆成 1＋2＋8，因此当我报它在第 ❶、❷、❹ 张卡片上时，你就想到了 11。原来卡片上的数是这么来的！

26. "读心术"

  同学们，前面讲的规律你们都掌握了吗？我来考考你们。

按规律填一填。

  你们知道什么是二进制吗？一起来了解一下吧。

　　二进制是计算技术中广泛采用的一种数制，是以 2 为基数的记数系统。二进制的计数单位分别是 1、2、4、8、16、32、64、128、256、……在二进制系统中，通常用两个不同的符号 0（代表零）和 1（代表一）来表示，进位规则是"逢二进一"，借位规则是"借一当二"，由 18 世纪德国数理哲学大师莱布尼兹发现。在数字电子电路中，逻辑门的实现直接应用了二进制；现代的计算机和依赖计算机的设备都使用二进制。

27 抢数游戏

扫码听讲解

数学真奇妙  同学们，你们玩过抢数游戏吗？今天我们来玩一玩吧。

读一读

从前，有个古怪的国王，喜欢和大臣们玩抢数游戏。他制订了一个游戏规则，并且规定谁先抢到100，谁赢。如果大臣赢了，那么国王就把藏在100号箱子里的礼物送给他，大臣输了就要接受惩罚。大臣们纷纷找国王挑战，结果每次都是国王赢。

游戏规则

两人从1开始轮流依次往后报数，每次至少报1个数，最多报2个数，谁先抢到指定的数谁就赢。

一起来交流

 100太大了，我们化繁为简，先用小的数试一试。

那我们先假定礼物藏在3号箱子里，谁先抢到3谁就胜出！

27. 抢数游戏

我先来，我抢1。

那我就抢2、3，我抢到3了，我赢了。

再来一次，我抢1、2。

我抢3，还是我赢。

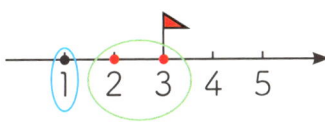 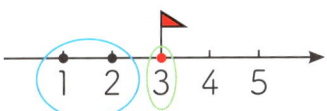

不管我抢1还是抢1、2，你都能抢到3。我知道秘诀了！

秘诀：必须后报，别人报1个，我就报2个；别人报2个，我就报1个。

  那其他的数是不是也符合上面的规律呢？一起来探究一下。

动手操作

如果礼物藏在6号箱子里，那么怎么做才能赢？先报的画"√"，后报的画"○"。把每次报的数记录下来。

	1	2	3	4	5	6
第一局						
第二局						
第三局						
第四局						

 这次我先来，我抢1。

那我抢2、3。

 我抢4、5。

我抢6，我赢了。

27. 抢数游戏

再来，这次我抢1、2。

那我抢3。

我抢4。

我抢5、6，我又赢了。

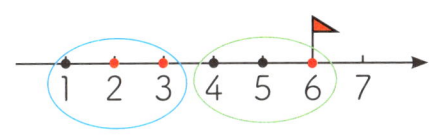
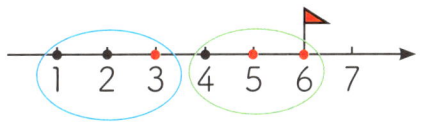

秘诀：必须后报，先抢3，再抢6。每次都是3个数一组。

我来总结一下。
$3÷(1+2)=1$（组）；$6÷(1+2)=2$（组）；
$9÷(1+2)=3$（组）；$12÷(1+2)=4$（组）；
$15÷(1+2)=5$（组）；$3n÷(1+2)=n$（组）。
观察这些算式，你有什么新的发现？

我发现，指定的数是3的倍数时，要后报，根据抢3的规律抢数，必赢！

刚才我们研究的都是抢3的倍数。如果要抢的不是3的倍数，该怎么抢才能赢呢？

 同学们，在玩抢数游戏时，如何才能做到必赢呢？一起来看看。

动手操作

抢4、抢5，怎么做才能赢？和你的同学一起玩一玩，记录下抢数的过程。

一起来交流

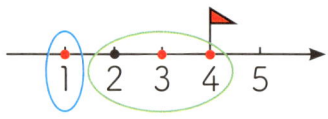 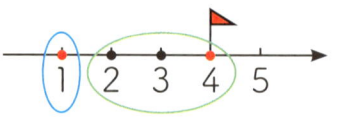

 抢4秘诀：先报者赢，而且只能先报1个数，然后再利用抢3的规律。4÷（1+2）=1（组）……1（个）。

27. 抢数游戏

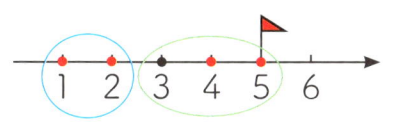 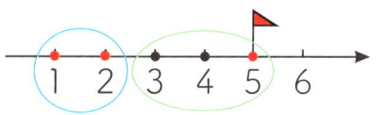

抢 5 秘诀：先报者赢，而且要先报 2 个数，然后再利用抢 3 的规律。5÷（1＋2）＝1（组）……2（个）。

 观察抢 4 和抢 5 的游戏结果，我认为抢数秘诀是：_____。

慧慧说得对吗？再找几个数来验证一下吧。

我来验证：

 我发现，抢不是 3 的倍数时，先报_____，再根据抢 3 的规律，必赢！

我知道如何抢到国王的第 100 个箱子了。
100÷（1+2）＝33（组）……1（个）。
先报 1 个数，再根据抢 3 的规律，依次和国王凑 3！

任选一个数和小伙伴玩一玩，现在你能必赢吗？

如果不是 3 个数一组呢？怎么做才能必赢？

动手操作

两人从 1 开始轮流依次往后报数，每次至少报 1 个数，最多报 3 个数，怎样才能保证自己先抢到 23 呢？

一起来交流

我们先列表，找一下规律。

要抢的数	列式	方法
4	4÷（1+3）=1（组）	后报，和对方凑4
5	5÷（1+3）=1（组）……1（个）	先报，抢1
6	6÷（1+3）=1（组）……2（个）	先报，抢2
7	7÷（1+3）=1（组）……3（个）	先报，抢3
8	8÷（1+3）=2（组）	后报，和对方凑4个数为一组
9	9÷（1+3）=2（组）……1（个）	先报，抢1，后面和对方凑4个数一组
10	10÷（1+3）=2（组）……2（个）	先报，抢2，后面和对方凑4个数一组
11	11÷（1+3）=2（组）……3（个）	先报，抢3，后面和对方凑4个数一组
12	12÷（1+3）=3（组）	后报，和对方凑4个数为一组

以此类推。

哇，原来抢数游戏里还有这样的秘诀！抢23我会了。23÷（1+3）=5（组）……3（个），先报，抢3，后面和对方凑4个数一组。

知识我会用  同学们，前面讲的方法你们都学会了吗？我来考考你们。

有23个本子，每次最少拿1本，最多拿2本，拿到最后1个本子算赢。怎么做才能赢呢？

智慧小链接  同学们，你们知道游戏大师约翰·纳什吗？来看看吧。

其实要说玩游戏，真正的大师是著名数学家约翰·福布斯·纳什。他不仅爱玩游戏，更善于通过不断的学习、研究，去发现游戏背后的规律。其研究成果见于题为《非合作博弈》（1950年）的博士论文。纳什在上述论文中，介绍了合作博弈与非合作博弈的区别，阐明了非零和博弈的依据。因为提出非合作博弈均衡理论，约翰·纳什获得了1994年度诺贝尔经济学奖。

聪明的你可以自己制订游戏规则，和小伙伴们玩一玩哦！

28 井格游戏

扫码听讲解

数学真奇妙

同学们,你们玩过井格游戏吗?一起来玩一玩吧。

一起来交流

我没玩过。怎么玩?给我们介绍一下呗。

井格游戏是一个纸质游戏,在 6×6 的方格纸上画两种图案:"○"和"×"。来看一下游戏规则。

游戏规则

① 每一行以及每一列中不能有超过 2 个连续的"×"或"○"。
② 每一行以及每一列中都有 3 个"×"和 3 个"○"。
③ 每一行以及每一列的排列方式都是唯一的。

×	○	×	○	×	○
×	○	×	○	○	×
○	×	○	×	×	○
○	×	×	○	○	×
×	○	○	×	×	○
○	×	○	×	○	×

动手操作

根据游戏规则，将"○"和"×"填入下面的方格纸中。

（1）　　　　　　　（2）

一起来交流

按照规则，我只能完成图（1），图（2）只能完成一部分。井格游戏有窍门吗？

（1）　　　　　　　（2）

当然有啦！我们先从简单的"一行"开始研究。

28. 井格游戏

 同学们，我们化繁为简，从简单的开始，一起来探究。

动手操作

在同一行中，2个"○"有可能会有如下图所示的排布方式，那么图中其他的哪些空格是可以确定的呢？

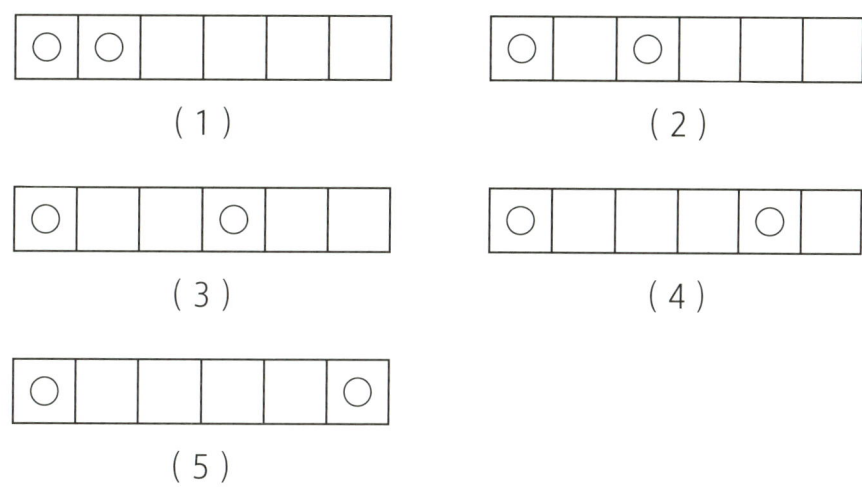

（1） （2）

（3） （4）

（5）

一起来交流

第（1）组 |○|○| | | | |，我是这样想的：这一行中有2个连续的"○"了，后面就是"×"。但是不能出现连续的3个"×" |○|○|×|×|×| |，因此其中1个"×"一定在最后1个格子中 |○|○|×| | |×|。

第（2）组 ◯ ☐ ◯ ☐ ☐ ☐，2个"◯"中间是"×" ◯ × ◯ ☐ ☐ ☐，其他空格不能确定。

第（3）组 ◯ ☐ ☐ ◯ ☐ ☐，都无法确定。

第（4）组 ◯ ☐ ☐ ☐ ◯ ☐，中间有3个空格，这3个空格不可能都是"×" ◯ × × × ◯ ☐，因此其中1个"×"一定在最后1格中 ◯ ☐ ☐ ☐ ◯ ×。

第（5）组 ◯ ☐ ☐ ☐ ☐ ◯，中间有连续的4个空格，可以利用假设法。假设3个"×"是连续占位 ◯ × × × ☐ ◯，这种填法不符合规则，因此其中1个"×"一定在最右侧 ◯ ☐ ☐ ☐ × ◯。同理，右侧也不能出现连续的3个"×"，因此其中1个"×"一定在最左侧 ◯ × ☐ ☐ × ◯。

原来井格游戏中还藏着假设法，太妙了！想要找出答案，还要运用推理。现在你能把前面没完成的井格游戏填完整了吗？

28. 井格游戏

  同学们，通过前面的探究过程，你们发现了什么？来看看吧。

动手操作

根据游戏规则，把前面没完成的井格游戏填完整。（如下图）

一起来交流

 我会了，我来。

我们在玩井格游戏的时候，可以把每一行、每一列看成一个个独立的问题来解决，具体去分析这一行或这一列属于刚才我们讨论的哪一种情况。然后再逐一解答，就可以解决整个问题啦！

知识我会用 同学们，前面讲的方法你们都学会了吗？我来考考你们。

按照游戏规则，将"○"和"×"填入下面的方格纸中。

（1）

（2）

参考答案

❶ 倒水问题

知识我会用

方法一：7×3−4×4=5（升）；

方法二：4×3−7=5（升），步骤更少（见下表）。

步骤	1	2	3	4	5	6	7	8
4升	4	0	4	1	1	0	4	0
7升	0	4	4	7	0	1	1	5

智慧小链接

步骤	1	2	3	4	5	6	7	8	9
10升	10	3	3	6	6	9	9	2	2
7升	0	7	4	4	1	1	0	7	5
3升	0	0	3	0	3	0	1	1	3

---

❷ 寻找长方形面积的 $\frac{1}{2}$

知识我会用

图中涂色部分的面积是它所在的整个长方形面积的 $\frac{1}{2}$，即它与图中三角形 ADC 的面积一样大，而三角形 ADC 又是正方形 ABCD 的一半，因此涂色部分的面积为：10×10÷2=50（cm²）。

❸ 空瓶和水的秘密

知识我会用

❶ 1 杯水：（330×2-600）÷（3×2-5）=60（克）；
    1 个空瓶：330-60×3=150（克）。
❷ 1 筐苹果：（550-400）÷（9-6）=50（千克）；
    1 筐橘子：（400-50×6）÷4=25（千克）。

❹ 三角形的拼接

知识我会用

我的猜测 1：
图形个数、边数、顶点数之间的关系是：<u>正方形个数 -1= 边数 - 顶点数</u>。
我选择研究（正方形）拼接：

拼法（画一画）	图形个数（个）	边数（条）	顶点数（个）
	2	7	6
	2	8	7
	3	10	8
	3	12	10

（任选其二即可）
我的结论 1：
图形个数、边数、顶点数之间的关系是：<u>正方形个数 -1= 边数 - 顶点数</u>。

我的猜测 2：

图形个数、边数、顶点数之间的关系是：<u>正五边形个数 −1= 边数 − 顶点数</u>。

我选择研究（<u>正五边形</u>）拼接：

拼法（画一画）	图形个数（个）	边数（条）	顶点数（个）
	2	10	9
	2	9	8
	3	13	11
	3	13	11

（任选其二即可）

我的结论 2：

图形个数、边数、顶点数之间的关系是：<u>正五边形个数 −1= 边数 − 顶点数</u>。

---

5 神奇的尾数

知识我会用

❶ 乘数的尾数是 2，积的可能的尾数是 2、4、8、6，2020÷4=505（组），因此 2020 个 15.2 相乘积的尾数是 6。

❷ 乘数的尾数是 0，积的可能的尾数只有 0 一种情况，因此 25 个 270 相乘积的尾数是 0。

❸ 乘数的尾数是 6，积的可能的尾数只有 6 一种情况，因此 234 个 86 相乘积的尾数是 6。

❹ 乘数的尾数是 1，积的可能的尾数只有 1 一种情况，因此 n 个 121 相乘积的尾数是 1。

6 有趣的三边关系

知识我会用

两边之和大于第三边,因此最长边不能取 10 cm,要小于 10 cm。

9,2,9　　9,3,8　　9,4,7　　9,5,6

8,4,8　　8,5,7　　8,6,6　　7,7,6

共 8 种。

---

7 寻找点的轨迹

知识我会用

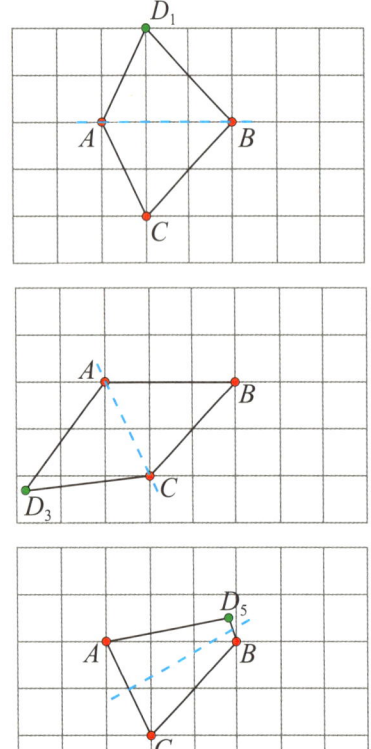
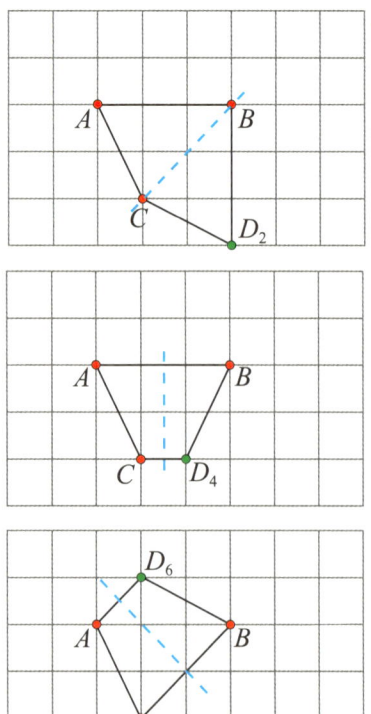

这样的 D 点共有 6 个。

8 余数再研究

知识我会用

① （20+29）÷8=6……1　　② （43+65）÷7=15……3
③ （34+38）÷4=18

智慧小链接

（29-18）÷7=1……4　　（略）

我发现：除数相同的两道除法算式相减，商就是两道算式中商的差，余数也是两个余数的差；当余数不够减时，要向商借1，但这个"1"指的是1个除数，加上除数后再相减。

---

9 剪纸中的学问

知识我会用

方法一：

剪的次数	1次	2次	3次	4次	5次	……	10次
纸的份数	11份	21份	31份	41份	51份	……	101份

观察表格发现，多剪1次就加10，"纸的份数＝剪的次数×10+1"。199、201、210中只有201是10的倍数再加1，即201=20×10+1。因此应选201，需要剪20次。

方法二：
因为"纸的份数＝剪的次数×10+1"，
所以剪的次数＝（纸的份数－1）÷10。
将199、201、210分别代入上式计算，只有201能得到整次数，即（201-1）÷10=20（次）。因此应选201，需要剪20次。

⑩ 四连方

知识我会用

（答案不唯一）

⑪ 转角的秘密

知识我会用

外角和 = 边数（n）× 30°=360°，
因此边数（n）=360°÷30°=12（条）；
已知边长（x）×12=240（厘米），边长（x）=240÷12=20（厘米）。
这是一个边长为 20 厘米的十二边形。

⑫ 有趣的相遇问题

知识我会用

小鸟和小新、小刚同时出发，同时停下，
因此所用时间为 32÷（17+15）=1（小时），
小鸟飞行了 24×1=24（千米）。

13 怎么拆积最大

知识我会用

18=3+3+3+3+3+3，3×3×3×3×3×3=729。

---

14 楼梯中的数学问题

知识我会用

月次（个）	1	2	3	4	5	6	7	8	9	10	11	12
数量（对）	1	1	2	3	5	8	13	21	34	55	89	144

一年后共有 144 对兔子。

---

15 图形的密铺问题

知识我会用

（略）

---

16 神奇的"缺 8 数"

知识我会用

❶ 12345679×15=185185185；
　2345679×21=259259259；
　12345679×30=370370370。

❷ 12345679×9×15=1666666665；

12345679×144=1777777776；

12345679×153=1888888887。

❶⓻ 中国剩余定理

知识我会用

❶ 列表法：

数字特征	符合条件的数
除以3余2	5、8、…、188、191、194、197、200、203、206、209、212、215、218、221、224、227、230、233、236、239、242、245、248、251、254、257、260、263、266、269、272、275、278、281、284、287、290、293、296、299、…
除以5余4	9、14、…、189、194、199、204、209、214、219、224、229、234、239、244、249、254、259、264、269、274、279、284、289、294、299、…
除以7余6	13、20、…、188、195、202、209、216、223、230、237、244、251、258、265、272、279、286、293、300、…

其他解法：

根据题意列出算式：

☐ ÷ 3 = ☐ ……2

☐ ÷ 5 = ☐ ……4

☐ ÷ 7 = ☐ ……6

观察这三道有余数的除法算式，发现除数−余数=1，也就是说，被除数加1就能正好整除3、5、7。那只需求出3、5、7的最小公倍数，即[3，5，7]=105，再找出200~300之间的105的倍数，即 105×2=210，最后减 1 即可，得到 210-1=209。所以有 209 颗围棋子。

❷ 根据题目意思，围棋子的数量比 3 和 5 的公倍数多 1，因此最小是 3×5+1=16，后面的数依次增加 15，分别是 16、31、46、61、76、91、106、121、136、151、166、181、196、…在这些数中寻找除以 7 余 5 的数，第一个是 61，第二个是 166，两者相差 105，105 是 3、5、7 的最小公倍数，因此满足条件的下一个数是 166+105=271，即有 271 颗围棋子。

18 田忌赛马

知识我会用

当田忌选 A 组时，结果：齐威王赢，因为 A 组中每张牌的数字都比齐威王的小。

当田忌选 B 组时，结果：齐威王赢，因为 B 组中只有 9 比 7 和 4 大，3 和 2 都比不过齐威王的。

当田忌选 C 组时，结果：田忌有机会赢，因为用田忌的 9 对齐威王的 7，用田忌的 5 对齐威王的 4，用田忌的 1 对齐威王的 10，三局两胜。

当田忌选 D 组时，有两种情况：

（1）如果最后一张牌是 5~10，田忌赢，因为田忌的 8 对齐威王的 7，田忌的 3 对齐威王的 10，只要最后一张牌比齐威王的 4 大，就可以获胜；

（2）如果最后一张牌是 1~3，齐威王赢，因为田忌只有一张牌大过齐威王，其他牌都比齐威王的小。

19 九章算术——盈不足

知识我会用

❶ 学生人数：（90-8）÷（10-8）=41（人）；
书本数量：10×41-90=320（本），或 8×41-8=320（本）。

❷ 长椅数量：（48+5×2）÷（5-3）=29（条）；
学生人数：3×29+48=135（人），或 5×29-5×2=135（人）。

---

20 "鸡兔同笼"再研究

知识我会用

❶ 假设龟有 40 只，鹤有 0 只。

这时腿的总数为：40×4=160（条）；

调整到实际的腿总数需要减少：160-112=48（条）；

每次调整，腿总数减少 2，因此需要调整的次数是：

48÷2=24（次）；即把 24 只龟调整成了 24 只鹤，

因此剩下的龟是：40-24=16（只）。

因此有 24 只鹤，16 只龟。

❷ 假设男生 12 人，女生 0 人。

这样种的树的总棵数为：3×12=36（棵）；

调整到实际的棵数需要减少：36-32=4（棵）；

每次调整，树的总棵数减少 1，因此需要调整的次数是：

4÷1=4（次）；即把假设中的 4 个男生调整成了 4 个女生，

因此男生人数为：12-4=8（人）。

因此有女生 4 人，男生 8 人。

21 勇夺"数学皇冠"的陈景润

知识我会用

偶数	拆成1+1形式	拆成1+2形式
58	29+29	7+3×17
62	31+31	5+3×19
86	43+43	17+3×23
108	37+71	2+2×53

22 棋盘里的数学

知识我会用

❶ 图中"相"可以走的位置是：(0,2)、(4,2)。

"相""兵""炮"的位置用数对表示：

"相"和"帅"在同一行，0不变；"相"在"帅"的左面2格，4−2=2，因此"相"的位置用数对(2,0)表示。

"兵"和"帅"在同一列，4不变；"兵"在"帅"的上面3格，0+3=3，因此"兵"的位置用数对(4,3)表示。

"炮"在"帅"的右面3格，4+3=7；在"帅"的上面2格，0+2=2，因此"炮"的位置用数对(7,2)表示。

❷ "炮"在"卒"的右面3格，4+3=7；在"马"的下面2格，9−2=7，因此"炮"的位置用数对(7,7)表示。

根据数对(4,B)已知在第4列，可以推理出"炮"所在的列数；根据数对(A,9)已知在第9行，可以推理出"炮"所在的行数。

23 抢棋游戏

知识我会用

1. 先取 2 颗白子，接着对方取几颗，紧跟着从另一堆中也取几颗……
2. 先取 20 颗白子，接着对方取几颗，紧跟着从另一堆中也取几颗……
3. 先取 60 颗黑子，接着对方取几颗，紧跟着从另一堆中也取几颗……

智慧小链接

（略）

24 逃生游戏

知识我会用

黑球让：15+（10-4）×4=39（步）；
白球让：14+（10-4）×4=38（步）。
即最少需要 38 步。

25 益智游戏——九连环

知识我会用

已经解下七个环，接着可以解下第 9 环，再解下第 8 环就可以了。
步骤：（下 1、2、3、4、5、6、7）→下 9→上 1、2、3、4、5、

6、7→下1、2、3、4、5、6→下8→上1、2、3、4、5、6→下1、2、3、4、5、6、7。

补充表格：

解下几环	过程	步数（步）
……	……	……
7	下1、2、3、4、5→下7→上1、2、3、4、5→下1、2、3、4→下6→上1、2、3、4→下1、2、3、4、5	16×3+7×2+2=64
8	下1、2、3、4、5、6→下8→上1、2、3、4、5、6→下1、2、3、4、5→下7→上1、2、3、4、5→下1、2、3、4、5、6	31×3+16×2+2=127
9	下1、2、3、4、5、6、7→下9→上1、2、3、4、5、6、7→下1、2、3、4、5、6→下8→上1、2、3、4、5、6→下1、2、3、4、5、6、7	64×3+31×2+2=256

完全解开九连环需要256步。

26 "读心术"

知识我会用

1	3
5	7
9	11
13	15
17	19
21	23
25	27
29	31

2	3
6	7
10	11
14	15
18	19
22	23
26	27
30	31

4	5
6	7
12	13
14	15
20	21
22	23
28	29
30	31

8	9
10	11
12	13
14	15
24	25
26	27
28	29
30	31

16	17
18	19
20	21
22	23
24	25
26	27
28	29
30	31

27 抢数游戏

知识我会用

23÷（1+2）=7（组）……2（个），
先报者赢，而且要先报 2 个数，然后再利用抢 3 的规律。

---

28 井格游戏

知识我会用

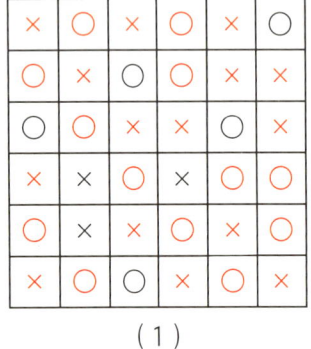

（1）　　　　　　　　（2）